**기독교
사용 설명서
5**

십계명

세움북스는 기독교 가치관으로 교회와 성도를 건강하게 세우는 바른 책을 만들어 갑니다.

기독교 사용 설명서 5

십계명

초판 1쇄 인쇄 2021년 12월 25일
초판 1쇄 발행 2021년 12월 30일

지은이 | 황원하
펴낸이 | 강인구
펴낸곳 | 세움북스

등 록 | 제2014-000144호
주 소 | 서울시 서대문구 연희로 160 연희회관 3층 302호
전 화 | 02-3144-3500
팩 스 | 02-6008-5712
이메일 | cdgn@daum.net

교 정 | 오현정
디자인 | 참디자인

ISBN 979-11-91715-25-5 (03230)
 SET 979-11-91715-20-0 (03230)

기독교
사용 설명서

5

십계명

황원하
지음

세움북스

목차

시리즈 서문

독일의 개혁자 마틴 루터가 비텐베르크 성곽교회 문에 면벌부를 반박하는 95개조 대자보를 내 붙인 지 500년을 훌쩍 지나 몇 년이 더 흘러가고 있습니다. 종교개혁은 제도적인 개혁, 도덕적인 개혁에 불과한 것이 아니었습니다. 종교개혁은 예배의 개혁이면서 동시에 교리와 삶의 총체적인 개혁이었습니다. 이 종교개혁이 거대한 로마교회체제와 성도들의 신앙생활을 흔들어 놓았습니다. 하나님을 참되게 예배하기 시작하면서 교인들은 두려움이 아니라 기쁨과 감사 가운데 살아가기 시작했습니다. 그 개혁의 불꽃이 교회만이 아니라 유럽 사회 전체를 새롭게 했습니다. 과연 우리 한국개신교회는 개혁의 그 아름다운 모습을 얼마나 누리고 있을까요?

종교개혁 500주년을 맞아 종교개혁이 교회의 몇몇 악습을 제거한 것이 아니라 총체적인 개혁이었음을 드러내기 위해 『종교개혁자들과의 대화』(SFC출판부) 12권 시리즈를 발간한 바 있습니다. 그 시리즈를 통해 종교개혁이 예배, 교회, 역사, 교육, 가정, 정치, 경제, 문화, 학문, 교리, 과학, 선교를 어떻게 변화시켰는지 살펴 보았습니다. 우리 청소년들이 어떤 영역에서 일하든 하나님의 사람으로 살아갈 수 있다는 것을 보여주려고 했습니다. 이 종교개혁 500주년의 후속 작업이 바로 본 시리즈 『기독교 사용 설명서』입니다. 본 시리즈는 우리 기독교의 근본을 재확인하고, 다시금 개혁의 정신을 되살려 오직 하나님의 영광을 위해 살아가고자 하는 마음으로 기획했습니다.

본 시리즈에서는 기독교를 총 4부로 나누어서 설명합니다. 제1부는 종교개혁, 교회정치, 교회직분입니다. 우리는 종교개혁의 역사를 통해 교회정치와 직분이 어떻게 새로워졌는지를 잘 알아야 합니다. 제2부는 사도신경, 십계명, 주기도문입니다. 개혁자들은 교리문답을 만들었는데 그 교리문답들의 대부분은 이 세 가지를 해설하면서 기독교신앙의 요체를 드러내었습니다. 사도신경은 우리가 믿고 있는 삼위일체 하나님을 고백하는 것이고, 십계명과 주기도문은 우리가 어떻게 감사의 삶을 살아야 하는지를 잘 보여주고 있습니다. 제3부는 공예배, 교회예식, 교회력입니다. 교회는 예배를 위해 부름받았고, 각종 예식을 통해 풍성함을 누리고 교회력을 통해 이 세상에서 그리스도를 누리면서 새로운 시간을 살아갑니다. 마지막 제4부는 혼인, 가정예배, 신자의 생활입니다. 우리는 하나님이 처음부터 제정하신 제도인 혼인을 통해 언약가정을 이루고 가정에서 예배하면서 기독교인으로서 이 세상을 살아갑니다.

그동안 덮어놓고 믿었던 것이 교회의 쇠퇴와 신앙의 배도에까지 이르고 있습니다. 코로나시대에 함께 모여 예배하고 교제하는 것이 힘들어졌지만 기독교신앙에 대해 치열하게 학습할 수 있는 절호의 기회입니다. 우리가 무엇을 믿는지, 어떻게 살아야 하는지 근본에서부터 잘 학습해야 하겠습니다. 각 세 권씩으로 구성된 총 4부의『기독교 사용 설명서』를 통해 우리 기독교와 교회의 자태를 확인하고 누릴 수 있기를 바랍니다. 12권 시리즈로 기획했기에 매월 한 권씩 함께 읽으면서 공부하고 토론하기에 좋을 것입니다. 기존 신자들 뿐만 아니라 자라나는 우리 청소년과 청년들이 이 시리즈를 통해 기독교의 요체를 확인하고 믿음의 사람들로 든든히 서서 교회를 잘 세우면서 이 세상에서 담대하게 살아갈 수 있기를 바랍니다. 교회를 세우기 위해 가르치면서 해당 주제를 잘 집필해 주신 집필자들의 수고에 감사를 드리고, 이 시리즈 기획을 흔쾌히 받아 출간하는 세움북스 강인구대표께 진심으로 감사를 드립니다.

2021년 11월
개혁교회건설연구소

십계명(十誡命, Ten Commandments)은 출애굽기 20장 1–17절과 신명기 5장 1–21절에 기록되어 있습니다. 이 두 개의 기록은 같은 것이지만, 기록된 시점과 목적의 차이로 인해 조금 다르게 서술되어 있습니다. 그리고 신약성경에도 십계명이 여러 차례 인용되었는데, 예수님에 의해(마 19:16–19), 바울에 의해(롬 13:8–9), 그리고 야고보에 의해(약 2:10–11) 인용되었습니다.

    어떤 사람들은 십계명이 구약의 율법인데도 신약시대에 지켜야 하는지 의문을 제기합니다. 하지만 신약성경에 십계명이 명백히 기록되어 있기에 이런 의문은 쉽게 사그라집니다. 더욱이 율법은 의식법과 시민법과 도덕법으로 나뉘는데, 의식법은 그리스도를 예표하는 것으로 그리스도가 오심으로 모두 성취되었고, 시민법은 이스라엘 나라의 운

영을 위한 것으로 그리스도가 오심으로 이스라엘의 의미가 완성되었기에 더는 지킬 필요가 없으며 그 의미를 존중하면 됩니다. 하지만 도덕법은 모든 시대의 모든 사람에게 구속력을 가집니다. 그리스도께서도 이 법을 지키라고 말씀하셨는데, 십계명은 도덕법에 속하면서 그것을 요약하기에 신약시대에도 유효합니다. 십계명에는 하나님의 속성과 뜻이 반영되어 있으며, 하나님이 우리를 향하여 요구하시는 사항이 집약해서 담겨 있습니다.

십계명은 구원의 조건이 아닙니다. 십계명을 지켜야 구원받는 것이 아니며, 십계명을 지키지 않는다고 구원이 취소되는 것도 아닙니다. 사람이 구원을 받는 것은 그의 선행 정도에 따르지 않고 오로지 하나님의 은혜 베푸심에 근거합니다. 그리고 하나님은 신실하시고 결코 변개하지 않으시므로 선택받은 사람의 구원을 보장하십니다. 하지만 우리는 십계명을 지킴으로써 하나님의 자녀로 살아갈 수 있으며, 하나님과의 내밀한 관계를 풍성하게 경험할 수 있습니다.

우리는 십계명을 통해서 무엇이 선이며 무엇이 악인지를 깨달을 수 있고, 십계명을 지킴으로 죄를 덜 짓게 되며, 십계명을 지키다가 실패하는 과정을 겪으면서 우리 자신의 연약함을 발견하여 하나님께 더욱 매어 달리게 됩니다. 그리고 하나님은 십계명을 지키는 이에게 큰 은혜와 복을 주십니다. 그러므로 우리는 하나님께서 십계명을 주신 것을 감사해야 하며, 십계명을 바르게 이해하여 즐겁게 그리고 기꺼이 지켜야 합니다.

출애굽기 20장 1-2절에는 십계명의 서문이 기록되어 있습니다. '하나님이 이 모든 말씀으로 말씀하여 이르시되 나는 너를 애굽 땅, 종 되었던 집에서 인도하여 낸 네 하나님 여호와니라.' 여기에는 누가 십계명을 주셨으며, 또한 누구에게 십계명을 주셨는지가 분명하게 제시되어 있습니다.

하나님은 자신이 친히 십계명을 주셨다고 하시는데, 이는 십계명의 절대적인 권위와 신성한 성격을 보여줍니다. 따라서 십계명은 시대와 상황에 따라서 바뀔 수 있는 것이 아닙니다. 그리고 하나님은 이스라엘 백성에게 십계명을 주셨다고 하셨는데, 특히 하나님이 그들을 이집트에서 인도하여 낸 사실을 말씀하십니다. 이것은 하나님이 구원받은 모든 신자에게 십계명을 주셨다는 사실을 시사합니다. 그리고 이것은 하나님이 우리가 순종해야 할 계명을 주실 권리를 가지고 있는 분임을 의미합니다. 그러므로 우리는 십계명의 신성한 기원을 기억하면서 이 계명을 반드시 지켜야 합니다.

십계명은 크게 두 부분으로 나누어집니다. 그것은 1-4계명과 5-10계명입니다. 1-4계명은 하나님에 대한 자세이고(하나님 사랑), 5-10계명은 이웃에 대한 의무(이웃 사랑)입니다(마 22:37-40). 1-4계명은 우선이자 기초이며, 5-10계명은 필연이자 결과입니다. 즉 하나님에 대한 신앙을 바르게 가진 사람이 이웃에 대한 의무를 제대로 감당할 수 있습니다. 따라서 1-4계명과 5-10계명을 날카롭게 구분할 필요가 없으며, 오히려 이들을 서로 연결하여 이해해야 합니다. 아울러, 십계명 전체가 긴밀하게 연관되어 있어서 한 계명을 어기면 모든 계명을 어기게 된다는 사실을 염두에 두어야 합니다.

십계명은 사도신경과 주기도문과 더불어 복음의 진리를 잘 요약합니다. 우리는 십계명을 통하여 하나님이 누구신지를 배우고, 구원받은 사람으로서 합당하게 처신하며, 하나님과 맺은 언약을 확인합니다. 따라서 우리는 예배 때마다 십계명을 낭독(혹은 교독)함으로 하나님의 뜻을 되새겨야 하며, 다양한 방식으로 십계명을 공부하여 그 의미를 파악해야 하고, 십계명의 항목을 이 세상에서 어떻게 구체적으로 실천할 수 있는지를 고민해야 합니다.

기독교 사용 설명서 5 │ 십계명

제1장
하나님을 향한 계명

제1장
하나님을 향한 계명

제1계명과 신자의 중심:
나 외에는 다른 신들을 네게 두지 말라

성경을 '하나님 중심'으로 읽음

제1계명은 '너는 나 외에는 다른 신들을 네게 두지 말라' 입니다(출 20:3). 제1계명은 가장 절대적이며, 기본적인 계명으로 다른 모든 계명에 앞섭니다. 이 계명을 지켜야 다른 모든 계명을 지킬 수 있으며, 이 계명을 지키지 않으면 어떠한 계명도 지킬 수 없습니다.

우리가 제1계명을 지키기 위해서 가장 먼저 알아야 할 사실은 '하나님이 누구신가?'에 대한 것입니다. 즉 하나님에 관한 바른 지식이 우선되어야 합니다. 하나님을 정확하게 알지 못하면 설혹 하나님만 믿고 섬긴다고 생각하지만, 하나님이 아닌 존재를 믿고 섬기는 일이 발생할 수 있으며, 하나님이 기뻐하시지 않는 방식으로 하나님을 섬기는 경우가 생길 수도 있습니다.

그러므로 하나님이 누구신지를 아는 것이 관건입니다. 유한한 인간은 무한하신 하나님을 알 수 없습니다. 오로지 하나님이 자신을 드러내 주셔야 알 수 있으며, 하나님이 자신을 드러내 주신 만큼만 알 수 있습니다. 하나님은 우리를 사랑하셔서 두 가지 경로로 자신을 드러내 주셨습니다.

먼저, 하나님은 자연 만물을 통해서 자신을 드러내 주셨는데(일반계시), 이것으로는 하나님의 존재와 성품을 어렴풋이 알 수 있을 뿐입니다. 다음으로, 하나님은 성경을 통해서 자신을 드러내 주셨는데(특별계시), 이를 통하여 우리는 하나님이 어떤 분이신지를 정확하게 알 수 있습니다.

성경은 하나님에 관한 이야기를 담고 있습니다. 성경의 주인공은 뛰어난 인물들이 아니며, 성경의 주된 관심사는 역사적 사실 진술이나 윤리적인 가르침 제시가 아닙니다.

그것들은 모두 부수적입니다. 성경은 무엇보다도 하나님이 누구신지를 알려줍니다. 그리고 우리가 그러한 하나님을 어떻게 섬겨야 하는지를 깨닫게 해줍니다.

성경은 하나님이 세상을 창조하신 이야기로 시작하며, 하나님이 역사 가운데 세상을 주권적으로 통치하신다는 사실을 말하고, 하나님이 우리를 위해 마련하실 영원한 세상에 관한 이야기로 끝마칩니다. 이렇게 하여 성경에 드러난 하나님의 속성은 창조주, 지배자, 구원자, 보호자, 영원불변하신 분, 전지전능하신 분, 무소부재하신 분, 사랑과 자비가 풍성하신 분 등입니다.

따라서 제1계명을 지키기 위해서 무엇보다도 중요한 것은 성경을 부지런히 공부하고 그 속에서 하나님이 어떤 분이신지를 깨닫는 것입니다. 따라서 목사들은 성도들에게 성경을 가르치는 일을 가장 중요하게 여겨야 하며, 성도들 역시 성경을 공부하는 일을 가장 좋아해야 합니다.

이를 위해서는 신학교육을 강화하여 목사들의 질적인 수준을 크게 높여야 하며, 교회의 풍토를 성경공부 중심으로 조성해야 합니다. 오늘날 목사들이 너무 많은 일을 하다 보니 정작 성경연구 시간을 충분히 가지지 못하고, 성도들도 너무 바쁘게 살다 보니 성경공부 시간에 참석하지 못하는 경우가 있는데, 이에 대한 개선이 절실합니다.

따라서 공적인 예배(모임과 기도회) 시간을 잘 활용하여 성경을 가르치는 것이 좋습니다. 어차피 공적인 예배 시간은 확보된 것이고, 이때 모든 성도가 모이기에, 설교 시간을 효율적인 교육의 기회로 활용하는 것이 바람직합니다. 물론 설교가 성경공부처럼 진행되면 다소 어려움이 생길 수 있겠으나 지혜롭게 가르치면 됩니다.

설교 시간에 성경을 바르게 가르쳐서 하나님에 관한 지식을 심어주기 위하여 목사들은 공부를 많이 해야 합니다. '구속사적인 성경 이해' 혹은 '언약적 성경 이해'라는 주제를 충분히 연구해야 하며, 좋은 주석을 활용하여 성경본문을 구속사적으로 해석하는 훈련을 많이 해야 합니다. 그리고 성도들은 감성을 너무 자극하거나 웃음만을 주는 설교를 좋아할 것이 아니라, 다소 재미가 없고 딱딱하게 느껴지더라도 성경본문의 정확한 의미를 찾아서 전달해 주는 설교를 선호해야 합니다. 더욱이 설교가 도덕 훈화나 윤리 담화가 되지 않도록 해야 합니다.

구속사적인 성경해석과 설교를 단조롭다고 생각하거나

실생활에 적용하기가 어렵다고 생각하는 것은 오해입니다. 성경의 구속사는 풍부하며 역동적이고 다양합니다. 성경을 구속사적으로 보면 하나님이 우리를 얼마나 사랑하시는지를 깨닫게 되고, 역사 가운데 어떻게 깊고 오묘하게 행하셨는지를 알게 되며, 그렇게 드러난 하나님의 속성과 패턴에 근거하여 우리가 이 세상을 어떻게 살아야 하는지를 배우게 됩니다. 그리하여 우리가 하나님을 참되고 유일한 신으로 고백하게 되며, 하나님 외에 다른 신들을 두고 싶은 마음을 일절 가지지 않게 됩니다.

하나님만을 인정하고, 하나님만을 예배함

제1계명을 실천하는 것은 성경을 '하나님 중심'으로 읽음으로 시작됩니다. 그렇다면 성경을 통하여 알게 된 하나님에 대하여 우리는 어떠한 자세를 취해야 합니까?

소요리문답 46문은 '첫 번째 계명이 명하는 것은 무엇입니까?'라고 질문한 후에, '첫 번째 계명이 우리에게 명하는 것은 하나님을 유일하신 참하나님이시며 우리의 하나님으로 알고 인정하는 것과, 그에 합당하게 그분을 예배하고 그분께 영광을 돌리는 것입니다'라고 답변합니다. 그리고 소요리문답 47문은 '첫 번째 계명이 금하는 것은 무엇입니까?' 라고 질문한 후에, '첫 번째 계명이 금하는 것은 참하나님을 하나님으로 인정하지 않거나 예배하지 않거나 영광을 돌리지 않는 것이며, 오직 하나님께만 드려야 할 예배와 영광을 다른 자에게 드리는 것입니다'라고 답변합니다. 이에 46문과 47문은 같은 것을 말한다는 사실을 알 수 있습니다.

그러므로 제1계명을 지키기 위하여 우리가 해야 할 일은 두 가지입니다. 첫째, 우리는 하나님을 유일하신 참하나님으로 알고 인정해야 합니다. 둘째, 우리는 오직 하나님을 예배하고 그분께 영광을 돌려 드려야 합니다. 그러면 이 두 가지를 하나씩 살펴봅시다.

첫째, 우리는 하나님을 유일하신 참하나님으로 알고 인정해야 합니다. 하나님은 '너는 나 외에는 다른 신들을 네게 두지 말라'고 하심으로 '다른 신들'에 관하여 언급하셨습니다. 십계명이 주어질 당시 이스라엘 백성들은 다신교 사회에서 살고 있었습니다. 그들이 430년간 머물렀던 이집트에는 수많은 신이 있었으며, 그들이 광야에서 지내던 동안 주변 민족들은 다양한 신들을 섬겼고, 그들이 광야생활을 마치고 들어갈 가나안 땅에도 많은 신이 존재했습니다.

오늘날 우리 역시 고대 이스라엘 백성들과 마찬가지로 다신교적인 배경 안에서 살아가고 있습니다. 오늘날 이 세상에는 수많은 종교가 있으며, 사람들이 숭배하는 소위 '신들'이 있습니다. 그리고 비록 종교의 형태를 가지지 않더라도 종교에 버금가는 가치를 가진 것들이 있습니다. 오늘날 돈, 쾌락, 명예, 가족, 직업, 건강, 탐심, 성공, 연예인, 외모, 공부, 승진, 심지어 애완동물이나 취미 등은 종교처럼 취급됩니다. 그리고 사람들은 이런 것들을 '신들'로 떠받듭니다.

자신에게 진지하게 물어봅시다. 나를 만드신 분은 누구입니까? 나의 생사와 흥망을 비롯한 모든 것을 결정하는 분은 누구입니까? 내가 진정으로 좋아하고 기뻐하는 것은 무엇입니까? 나에게서 가장 소중한 것은 무엇입니까? 나는 무엇을 가장 의지하고 신뢰합니까? 누가 나의 유일한 신입니까? 하나님입니까, 다른 신입니까? 아니면 또 다른 그 무엇입니까? 필시 세상의 모든 것을 감찰하시는 하나님은 우리가 다른 신을 섬기는 죄를 간과하지 않으시며 매우 불쾌하게 여기신다는 사실을 기억해야 합니다.

둘째, 우리는 오직 하나님을 예배하고 그분께 영광을 돌려 드려야 합니다. '여호와께 그의 이름에 합당한 영광을 돌리며 거룩한 옷을 입고 여호와께 예배할지어다'(시 29:2). 하나님은 그 자체로 영광스럽고 존귀하신 분이시지만, 우리가 올려 드리는 미천하고 연약한 말과 행동으로 영광받으시는 것을 기뻐하십니다. 따라서 우리가 하나님을 예배하고 그분께 영광을 돌리는 것은 무엇보다도 우리 자신에게 큰 특권이요 복입니다.

하나님을 예배하고 영광을 돌리는 가장 직접적인 일은 주일예배입니다. 우리가 주일날 교회당에 모여서 예배를 드리는 것은 세상에서 할 수 있는 가장 중요하고 고귀한 일입니다. 하나님은 예배 시간에 우리를 만나주시고, 우리의 죄와 허물을 용서해 주시며, 우리에게 능력을 공급해 주십니다. 그러므로 신자들은 주일예배에 절대로 빠지지 말아야 합니다. 주일예배를 드리지 않는 것은 첫 번째 계명을 정면으로 범하는 것입니다.

우리가 하나님만을 예배하고 그분께 영광을 돌려 드리는 또 다른 방법은 성경에 기록된 하나님의 계명을 지키는 일입니다. 모세는 다음과 같이 말했습니다. "네가 오늘 여호와를 네 하나님으로 인정하고 또 그 도를 행하고 그의 규례와 명령과 법도를 지키며 그의 소리를 들으라"(신 26:17). 또한, 예수님은 다음과 같이 말씀하셨습니다. "이같이 너희 빛이 사람 앞에 비치게 하여 그들로 너희 착한 행실을 보고 하늘에 계신 너희 아버지께 영광을 돌리게 하라"(마 5:16). 우리가 주일에 받은 말씀을 세상에서 실천하는 것을 하나님께서 귀하게 보십니다.

제1계명 해석의 정수

1계명은 근본이 되는 계명입니다. 1계명을 지키십시오. 그러면 여러분은 율법 전체를 지킨 것입니다. 그 반대도 사실입니다. 1계명을 어기십시오. 그러면 다른 계명도 다 어긴 것입니다. 이 말은 여러분이 먼저 하나님과 바른 관계, 곧 구원의 관계에 있어야 하나님의 율법을 지킬 수 있다는 뜻입니다. 여러분은 하나님만을 예배해야 합니다. 이는 여러분이 마음과 뜻과 목숨과 힘을 다해 하나님을 사랑해야 함을 암시합니다(신 6:5; 마 22:37 참고). 하나님께서 첫째 계명에서 우리에게 요구하시는 바가 바로 이것입니다. 우리는 무엇보다도 하나님을 사랑해야 합니다. 우리는 땅의 소유보다 하나님을 더 사랑해야 하며, 심지어 우리 아내와 남편과 자식보다도 하나님을 더 사랑해야 합니다.

출처: 코르넬리스 프룽크, 『하이델베르크 교리문답으로 보는 십계명』.
임정민 옮김, 수원: 그책의 사람들, 2013, 30.

제2계명과 신자의 지혜: 우상을 만들지 말라

하나님의 속성을 왜곡시키는 일

제2계명은 '너를 위하여 새긴 우상을 만들지 말고 또 위로 하늘에 있는 것이나 아래로 땅에 있는 것이나 땅 아래 물속에 있는 것의 어떤 형상도 만들지 말며 그것들에게 절하지 말며 그것들을 섬기지 말라 나 네 하나님 여호와는 질투하는 하나님인즉 나를 미워하는 자의 죄를 갚되 아버지로부터 아들에게로 삼사 대까지 이르게 하거니와 나를 사랑하고 내 계명을 지키는 자에게는 천 대까지 은혜를 베푸느니라' 입니다(출 20:4-6).

제2계명의 의미는 하나님을 섬기되 그분의 형상을 만들어서 섬기지 말라는 것입니다. 당시에 이집트를 비롯한 이방 민족들이 섬기던 신들은 모두 형상을 가지고 있습니다. 그들은 신들을 사람의 형상, 짐승의 형상, 여러 생물체가 결합된 형상, 그리고 무시무시한 힘을 가진 상상 속의 생물체 형상으로 만들었습니다. 그리고 그러한 형상은 그 신의 정체와 속성을 반영했습니다. 따라서 이스라엘 사람들은 하나님이 어떤 형상을 가지고 있을 것이라고 오해했습니다.

그러나 하나님은 자신을 영이라고 말씀하셨으며, 어떠한 형상도 가지지 않으셨고, 따라서 사람의 눈에 보이지 않습니다. 필시 인간은 하나님을 본 적이 없습니다. '여호와께서 호렙 산 불길 중에서 너희에게 말씀하시던 날에 너희가 어떤 형상도 보지 못하였은즉 너희는 깊이 삼가라'(신 4:15). 그러므로 보이지 않는 하나님을 형상화하는 것은 하나님의 뜻에 어긋납니다.

그렇다면 '하나님은 영이시라'는 말은 무슨 뜻입니까? 소요리문답 4문은 하나님에 관하여 다음과 같이 말합니다.

'하나님은 영이신데, 그의 존재하심과 지혜와 능력과 거룩하심과 공의와 선하심과 진실하심이 무한하시며, 영원하시며, 불변하십니다.'

만일 하나님이 육체를 가지고 계신다면 하나님은 제한적이어서 온 세상에 편재하실 수가 없습니다. 그리고 그러한 하나님은 육체의 한계에 갇혀서 영원하실 수가 없으며, 아울러 불변하실 수도 없습니다. 그러나 하나님은 영이시기에 초월성과 보편성과 불변성을 가지십니다. 하나님은 영이시기에 전지전능자이시고, 영원불변자이시며, 무소부재자이십니다.

하나님을 형상으로 만드는 것이 교육을 위하여 바람직하지 않냐고 강변하는 사람들이 있습니다. 하지만 의도가 아무리 좋더라도 하나님을 형상화하는 것은 하나님을 오해하게 만듭니다. 이에 하이델베르크 요리문답 98문답은 "그렇다면 교회에서는 '평신도를 위한 책'으로서 형상들을 허용해서도 안 됩니까?"라는 질문에 대해서, "안 됩니다. 우리는 하나님보다 더 지혜로운 체해서는 안 됩니다. 하나님께서는 그의 백성들이 말 못 하는 우상을 통해서가 아니라 그의 말씀에 대한 살아있는 강설을 통해서 가르침을 받기를 원하십니다"라고 답변합니다. 인간은 본능적으로 하나님을 눈에 보이고 손으로 만질 수 있는 존재로 만들고 싶어 하지만, 그것은 명백히 하나님의 신적인 본질을 거스르는 행위입니다.

하나님은 제2계명을 어기는 자와 지키는 자가 받는 벌과 상에 관하여 말씀하십니다. 하나님은 자신의 형상을 만드는 자에 대하여 '나를 미워하는 자'라고 표현하시며, 그의 죄를 갚되 아버지로부터 아들에게로 삼사 대까지 이르게 한다고 말씀하십니다. 하지만 하나님은 자신을 형상화하지 않는 자들에 대하여 '나를 사랑하고 내 계명을 지키는 자'라고 표현하시며, 그에게는 천 대까지 은혜를 베푸신다고 말씀하십니다.

여기서 죄의 형벌이 삼사 대까지 이른다는 말은 조상의 죄를 유전 받거나 죄의 결과가 대물림된다는 뜻이 아닙니다. 오히려 이 말은 한 집안이 3-4대로 구성되는데, 부모가 습관적으로 짓는 죄를 자녀들도 지을 가능성이 크다는 뜻입니다. 그리고 하나님의 은혜가 천 대까지 이른다는 말 역시 조상 덕분에 자손이 잘된다는 뜻이 아닙니다. 오히려 이 말은 풍성한 복을 주시고자 하는 하나님의 마음을 표현한 것입니다. 하나님이 주시는 복은 세상이 주는 것과 다릅니다. 하나님은 우리를 이 땅에서 강건하게 하실 뿐 아니라 궁극적으로 내세에서 영락을 누리게 하십니다.

그러므로 하나님의 뜻은 분명합니다. 하나님은 사람들이 자신의 형상을 만듦으로 자신의 속성이 훼손되거나 파괴되는 것을 원하지 않으십니다. 하나님은 오로지 성경을 통해서 계시하신 대로의 하나님을 믿기를 원하십니다. 하나님은 영이시므로 영원하시고 불변하시며 편재하십니다. 하나님을 믿되, 바르게 믿읍시다. 그리하여 하나님이 주시는 복을 받아 누립시다.

예수 그리스도, 하나님의 유일한 형상

십계명은 예배와 밀접하게 연관되어 있습니다. 제1계명은 예배의 대상을 알려주는데, 오직 하나님만을 예배하라는 것입니다. 제2계명은 예배의 방법을 가르쳐주는데, 하나님이 정해 주신 방법대로 예배하라는 것입니다.

이에 소요리문답 50문은 '두 번째 계명이 명하는 것은 무엇입니까?'라고 질문한 후에 '두 번째 계명이 명하는 것은 하나님께서 그분의 말씀으로 정하신 모든 종교적 예배와 규례들을 받아들이고 순종하며 깨끗하고 완전하게 지키라는 것입니다'라고 대답합니다. 그리고 소요리문답 51문은 '두 번째 계명이 금하는 것은 무엇입니까?'라고 물은 후에 '두 번째 계명이 금하는 것은 하나님을 예배하는 데 있어서 우상을 사용하거나, 하나님의 말씀으로 정하지 않은 다른 어떤 방법을 사용하는 것입니다'라고 답변합니다.

하나님은 절대적으로 거룩하고 엄위하신 분으로서 사람

이 하나님을 어떻게 예배해야 하는지를 친히 가르쳐주셨고, 그에 따라 사람이 하나님을 예배하기를 원하십니다. 따라서 우리는 하나님이 말씀으로 정해 주신 규례들을 받아들여야 하며, 순종해야 하고, 깨끗하고 완전하게 지켜야 합니다. 참으로 하나님이 말씀을 통해 명하지 않은 다른 방식으로 예배하지 말아야 합니다.

모든 예배가 좋은 것이 아니며, 예배를 드린다고 해서 언제나 하나님이 받으시는 것이 아닙니다. 하나님이 정해 주신 방법대로 예배드리는 것을 하나님은 기뻐하십니다. 죄의 본성을 가지고 태어난 사람들은 하나님의 형상을 만들어서 하나님의 속성을 정하려고 하며 자신들이 하나님을 얼마든지 기쁘시게 할 수 있다고 생각합니다. 즉 자신들의 생각과 방식을 선하게 여깁니다. 하지만 그러한 시도는 사람들이 하나님을 오해하게 하며 신앙에 아무런 도움이 되지 않습니다.

장로교회와 개혁교회는 예배지침을 만들어서 시행했는데, 예배 순서를 산만하게 혹은 인위적으로 구성하지 않으려고 각고의 노력을 기울였습니다. 성경이 말하는 예배는 성경봉독, 기도, 설교, 찬송, 성례, 봉헌, 서약(헌신) 등으로 구성되어 있습니다. 우리는 예배 시간에 말씀을 가장 중심에 두어야 하고, 찬송을 선정하여 부르는 일을 신중하게 해야 하며, 성례가 신성하고 거룩하게 집행되게 해야 합니다. 그래서 하나님을 존귀하게 하는 데 온 신경을 쏟아야 합니다.

이를 위하여 목사를 비롯한 교인들은 예배에 관하여 충분히 공부해야 합니다. 목사는 예배를 잘 인도해야 하고 말씀을 바르게 전하도록 노력해야 합니다. 장로는 목사를 도와서 예배가 말씀과 예배지침에 정해진 대로 진행되도록 애써야 합니다. 그리고 모든 성도는 예배 참석에 소홀하지 않아야 하고, 예배에 방해되는 것(지각, 핸드폰, 소음, 복장 등)이 없는지를 살펴야 합니다.

어떤 교회의 예배에는 신학이 반영되어 있지 않습니다. 그들은 사람들이 좋아하는 것이라면 분별하지 않고 예배 순서에 집어넣습니다. 교회의 성장을 위해서 필요하다고 생각하는 일은 아무런 신학적 검토 없이 도입합니다. 우리는 이러한 행위를 가볍게 보지 말아야 합니다. 이것은 제2계명을 어기는 것입니다. 필시 예배는 계시에 따른 헌신이지 세속의 유행을 접목한 오락이 아닙니다.

우리가 제2계명을 지켜야 하는 이유는 하나님이 우리를 주관하시고, 우리를 소유하시며, 우리의 예배를 받으시기를 간절히 바라시기 때문입니다(소요리문답 52문). 하나님은 우리의 아버지이시며 우리를 지극히 사랑하십니다. 그리고 하나님은 우리가 하나님께 나아가서 예배하는 것을 너무나 좋아하십니다.

'아버지께서는 자기에게 이렇게 예배하는 자들을 찾으시느니라'(요 4:23).

그러나 하나님은 우리가 아무렇게나 예배하기를 원하지 않으십니다. 이에 우리는 말씀을 해석하여 만든 예배지침에 따라 하나님께 예배해야 합니다. 그런데 예배지침의 실체이자 주인공은 예수님이십니다. 성경은 예수님을 하나님의 형상이라고 언급합니다.

'본래 하나님을 본 사람이 없으되 아버지 품 속에 있는 독생하신 하나님이 나타내셨느니라'(요 1:18).
'그리스도는 하나님의 형상이니라'(고후 4:4).

'그는 보이지 아니하는 하나님의 형상이시요'(골 1:15).

그러므로 예수님을 통하여 하나님을 알 수 있고, 하나님께 나아갈 수 있습니다. 다른 길은 없습니다. 다른 형상을 만들어서 하나님을 대신하거나 하나님께 나아가는 수단으로 삼지 말아야 합니다. 오직 예수님을 통하여 하나님을 알 수 있고, 하나님께 나아갈 수 있다는 사실을 알아야 합니다.

제2계명 해석의 정수

우리는 하나님께서 질투하실 정당한 이유를 드리지 말자. 좋은 아내는 참으로 사려 깊고 정숙해서 그 남편에게 질투할 기회를 주지 않는다. 우리는 모든 죄, 특히 이런 우상숭배, 또는 우상숭배하는 것과 같은 죄를 피하자. 우리가 하나님과 일단 결혼 언약 관계에 들어간 후에 우상에게 우리 자신이 창녀 노릇하는 것은 극악한 일이다. 우상숭배는 영적인 간음죄이며, 하나님은 질투하시는 하나님이신지라 이것을 복수하실 것이다. 우상숭배는 하나님으로 하여금 백성을 극도로 싫어하시도록 만든다. '저희 조각한 우상으로 그를 진노케 하였으매 하나님이 들으시고 분 내어 이스라엘을 크게 미워하사'(시

78:58-59, 개역한글)라고 하였고, '그 남편이 투기함으로 분노하여'(잠 6:34, 개역한글)라고 하였다. 우상숭배는 하나님을 진노케 한다. 이것은 하나님으로 하여금 백성을 이혼하시게 한다. '너희 어미와 쟁론하고 쟁론하라 저는 내 아내가 아니요'(호 2:2, 개역한글)라고 하였고, '투기는 음부같이 잔혹하며'(아 8:6, 개역한글)라고 하였다. 무덤이 사람들의 몸을 삼키는 것같이 하나님은 우상숭배자들을 삼키실 것이다.

출처: 토마스 왓슨, 『십계명 해설』, 이기양 옮김, 서울: CLC, 2007, 116.

제3계명과 신자의 특권:
여호와의 이름을 망령되게 부르지 말라

아름다운 주님

제3계명은 '너는 네 하나님 여호와의 이름을 망령되게 부르지 말라 여호와는 그의 이름을 망령되게 부르는 자를 죄 없다 하지 아니하리라'입니다(출 20:7).

이름이란 누군가가 지어주는 것입니다. 첫 사람 아담은 피조물들의 이름과 자기 아내 하와의 이름을 지어주었습니다. 그리고 부모는 자식이 태어나면 이름을 지어주고, 사람들은 제조한 물건에 이름을 부여합니다. 더욱이 이름을 지을 때 아무렇게나 짓지 않고 상당한 정성과 노력을 기울입니다. 특히 고대 세계와 성경에서 '이름'은 단지 그를 부르는 호칭에 지나지 않는 것이 아니라 그 자신을 함의합니다. 따라서 '여호와의 이름'은 여호와가 누구시며, 그분이 가지신 권세와 능력이 어떠하며, 그분이 하시는 일이 무엇인지를 포괄합니다.

그런데 하나님은 자신의 이름을 우리에게 친히 계시해주셨습니다. '나는 스스로 있는 자이니라'(출 3:14). 이외에도 하나님은 자신의 이름을 다양하게 알려주셨습니다. 엘, 엘로아흐, 엘로힘, 엘엘론, 엘 샤다이, 엘 올람 등은 하나님이 알려주신 자신의 이름입니다. 하나님은 자신의 이름을 통하여 자신이 어떠한 분인지를 드러내시는데, 이 이름들은 하나님이 지존하신 분이시고, 언약에 신실하신 분이시며, 세상을 주권적으로 통치하는 분임을 가르쳐줍니다.

제3계명에서 '망령되게'에 해당하는 히브리어 '샤웨'는 '헛되게', '잘못되게', '모욕적으로', '악하게'라는 뜻입니다. 따라서 '하나님 여호와의 이름을 망령되게 부르지 말라'는 말은 하나님을 모독하지 말라는 뜻으로 하나님 자신과 하나님의 모든 것을 두렵고 떨리는 마음으로 대해야 한다는 의미를 담습니다. 이에 소요리문답 54문은 '세 번째 계명이 명하는 것은 무엇입니까?'라는 질문을 한 후에 '세 번째 계명이 명하는 것은 하나님의 이름과 칭호와 속성과 규례와 말씀과 사역을 거룩하게, 그리고 존경심을 가지고 사용하라는 것입니다'라고 답변합니다.

우리는 하나님이 자신을 나타내시는 데 사용하신 어떤 것이라도 모독하거나 악용하지 말아야 합니다. 구체적으로, 우리는 다음을 주의해야 합니다.

하나님의 이름을 오용하거나 남용해서는 안 됩니다. 하나님의 이름을 모욕적으로 사용해서는 안 됩니다. 하나님의 이름으로 함부로 맹세하거나 서약해서는 안 됩니다. 하나님의 이름을 잘못된 저주에 사용해서는 안 됩니다. 하나님의 이름을 자기의 목적을 이루기 위해서 사용해서는 안 됩니다. 하나님의 말씀을 잘못된 일이나 거짓된 교리를 지지하기 위해서 사용해서는 안 됩니다. 외식을 위해서나 사악한 목적으로 말씀과 신앙을 사용하거나 말해서는 안 됩니다. 주님의 교회와 주님의 종을 훼방하거나 모욕하거나 경멸해서는 안 됩니다.

하나님의 이름은 귀하고 아름답습니다. 이에 시편 기자는 다음과 같이 고백했습니다. '여호와 우리 주여 주의 이름이 온 땅에 어찌 그리 아름다운지요 주의 영광이 하늘을 덮었나이다'(시 8:1). 하나님은 자신의 아름다운 이름을 우리에게 친히 가르쳐주셨으며, 하나님의 자녀 된 우리는 하나님의 이름을 부르면서 하나님을 찬송해야 합니다.

하지만 고대에 유대인들은 하나님의 이름을 감히 부를 수 없다고 생각하여 성경에서 '여호와'라는 단어가 나오면 필사하던 일을 잠시 멈추고 손을 씻었으며, 그의 이름 대신에 점을 네 개 찍었습니다. 그리고 '여호와'라고 발음하는 것을 불경하게 여겨서 '아도나이'('나의 주님'이라는 뜻)라고 불렀고, '하나님'이라는 단어를 '하늘'이라는 단어로 대체하여 표기했습니다.

그러나 오늘날 많은 사람은 하나님의 이름을 감탄사로 사용하거나, 기도하거나 무슨 말을 할 때 추임새처럼 아무런 의미 없이 남발하거나, 효력을 가진 주문으로 생각하여 중얼거립니다. 심지어 영어권에서는 하나님과 예수님이라는 단어를 욕설로 사용하는 예도 있습니다. 이 모든 것은 제

3계명을 어기는 것입니다.

우리가 존경하는 부모님의 이름(혹은 호칭)을 아예 부르지 않거나 욕설로 사용하는 것은 명백히 잘못된 것입니다. 마찬가지로, 하나님이 친히 자신의 이름을 계시해 주시고 그것이 거룩한 것이라고 명해 주셨기에, 우리가 그분의 이름을 순결하고 정결한 마음으로 엄숙함과 위엄을 가지고 부르는 것은 대단히 귀한 일입니다. 특히 하나님은 그 이름 안에 그의 성품과 권세를 담아 놓으셨기에 우리는 그분의 이름을 부르면서 그분을 찬미하며 그 경이로움에 감탄합니다.

하나님의 이름으로 행하는 일들

우리는 십계명을 예배의 관점에서 이해할 수 있습니다. 제1계명은 예배의 대상이 누구인지를 명시해 주고, 제2계명은 예배의 방법이 무엇인지를 알려주는데, 제3계명은 예배드리는 자의 태도를 가르쳐줍니다. 성경에서 여호와의 이름을 부르는 것은, 예배를 드리는 것과 같은 의미를 가집니다. 곧 성경의 인물들은 여호와의 이름을 부르면서 여호와께 제단을 쌓거나 경배를 드렸습니다.

오늘날 우리는 여호와의 이름(신약에는 예수님의 이름을 포함하여)을 부르면서 예배를 드립니다. 설교는 여호와의 이름에 어떤 의미가 있는지를 말하는 것이고, 찬송은 여호와의 이름을 높이는 일이며, 기도는 여호와의 이름을 부르면서 예수 그리스도의 이름으로 마치는 것입니다. 또한 헌금은 여호와의 이름으로 행해진 놀라운 일에 대한 신앙고백의 차원에서 드리는 것입니다.

따라서 예배를 드리는 사람들은 오로지 하나님의 이름을 부르며 그분을 높이는 데 온 신경을 쏟아야 합니다. 목사가 설교할 때 하나님을 말하지 않는 것이나, 하나님 중심으로 말씀을 전하지 않는 것은 제3계명을 어기는 것입니다. 그리고 설교를 듣는 회중이 여호와를 바라보지 않고 다른 일에 관심을 가지는 것도 제3계명을 위반하는 것입니다. 아울러 회중이 찬송이나 기도를 드릴 때 여호와와 상관없이 행하는 것도 제3계명을 범하는 것입니다.

또한, 우리는 제3계명을 삶으로 순종해야 합니다. 그리스도인들이 세상에서 바르게 처신하는 것은 그들이 믿는 하나님께 영광을 돌려 드리는 것이며, 하나님의 이름이 사람들 가운데 찬미를 받게 하는 것입니다. 하지만 그리스도인들이 잘못된 삶을 살면, 하나님 아버지의 이름이 모독을 받으십니다. 이에 예수님은 '이같이 너희 빛이 사람 앞에 비치게 하여 그들로 너희 착한 행실을 보고 하늘에 계신 너희 아버지께 영광을 돌리게 하라'고 말씀하셨습니다(마 5:16).

특히 예수님은 주기도문에서 '이름이 거룩히 여김을 받으시오며'라고 말씀하셨습니다(마 6:9). 하나님의 이름은 그 자체로 거룩하십니다. 그래서 어떤 면에서 하나님은 누구로부터 거룩히 여김을 받으실 필요가 없습니다. 하지만 예수님께서 우리에게 이렇게 기도하라고 하신 것은 우리의 미약한 노력과 수고를 통해서 하나님의 이름이 거룩히 여김을 받으시는 것을 하나님이 기뻐하시기 때문입니다. 따라서 그리스도인들은 이 땅에서 살면서 하나님의 이름이 거룩히 여김을 받는 일에 깊은 관심을 가져야 하며, 이를 위해 처신을 잘해야 합니다. 오늘날 기독교의 위상이 많이 약해졌고 기독교인에 대한 평판도 좋지 않아졌습니다. 이것은 대단히 애석한 일입니다. 우리는 개인적으로나 교회적으로 세상의 빛과 소금이 되어서 하나님의 이름이 거룩히 여김을 받으시게 해야 합니다.

제3계명과 관련하여 우리가 주의를 기울여야 할 또 다른 것은 맹세와 서원입니다. 이는 맹세와 서원이 하나님의 이름으로 행해지기 때문입니다. 하이델베르크 요리문답 99문은 '제3계명에서 하나님이 원하시는 것은 무엇입니까?'라는 물음에 대하여 '우리가 저주나 거짓 맹세, 또는 불필요한 서약으로 하나님의 이름을 욕되게 하거나 잘못 사용하지 않는 것이며, 더 나아가 침묵하는 방관자가 되어 그러한 두려운 죄에 참여하지 않는 것입니다. 오히려 하나님의 거룩한 이름을 두려워하고 존경하는 마음으로만 사용하여, 우리가 하나님을 바르게 고백하고 부르며 우리의 모든 말과 행실에서 그분이 영광을 얻도록 하는 것입니다'라고 답변합니다.

우리는 하나님의 이름으로 함부로 맹세하지 말아야 합니다. 레위기 19장 12절에는 '너희는 내 이름으로 거짓 맹세함으로 네 하나님의 이름을 욕되게 하지 말라 나는 여호와이니라'는 말씀이 있습니다. 그리고 하나님께 서원할 때는 특히 주의해야 합니다. 전도서 5장 2절에는 '너는 하나님 앞에서 함부로 입을 열지 말며 급한 마음으로 말을 내지 말라'는 말씀이 있습니다. 맹세와 서원은 그 자체로 잘못된 것이 아니며, 하나님의 이름으로 그렇게 행하는 것이 가능합니다. 하지만 그것이 하나님의 이름으로 행해진 것이기에 반드시 지켜야 합니다.

그렇다면 하나님의 이름을 함부로 부른 자들은 어떻게 됩니까? 소요리문답 56문은 '세 번째 계명을 지켜야 할 이유는 무엇입니까?'라고 질문한 후에 '세 번째 계명을 지켜야 할 이유는 이 계명을 어기는 자들이 비록 사람들에게서는 형벌을 피할지라도 주 우리 하나님은 죄를 범한 자들이 그분의 공의로운 심판을 피하도록 버려두지 않을 것이기 때문입니다'라고 답변합니다. 따라서 하나님의 이름을 망령되게 부르는 자들에게 심판이 있다는 사실을 알고 특히 주의해야 합니다.

제3계명 해석의 정수

성경은 하나님의 이름에 능력이 있다고 가르친다. 마술적인 의미의 능력이 아니라 모든 것을 하실 수 있고, 모든 것을 보시고, 모든 것을 아시는 분이 그 이름 뒤에 계시다는 의미이다. 하나님은 창조 세계 전체를 시작하신 분, 만물을 붙드시는 분, 그것을 새롭게 하실 분이시다. 하나님은 만물을 다스릴 능력이 있다. 그분은 자연법칙과 생명, 죽음까지도 다스리신다. 하나님의 이름에는 능력이 있고, 하나님의 이름은 존중받아야 한다. 하나님의 이름을 부르면 구원이 주어진

다. '누구든지 주의 이름을 부르는 자는 구원을 받으리라'(행 2:21). 하나님의 이름으로 악이 꾸짖음을 받고, 치유가 주어지고, 섬김이 이루어지고, 사람들이 사명을 받아 다른 이를 섬기기 위해 떠난다. 하나님의 이름은 경외를 받아 마땅하다. 언젠가 그렇게 될 것이다. 장래에 그분의 이름 앞에 "모두가……무릎을 꿇게 하시고, 모두가 예수 그리스도는 주님이시라고 고백하게"(빌 2:10-11)될 것이다.

출처: J. 존, 『십계명: 모든 사람을 위한 하나님의 법』,
홍종락 옮김, 서울: 홍성사, 2011, 192.

제4계명과 신자의 의무:
안식일을 기억하여 거룩하게 지키라

예수 그리스도 안에 있는 안식

제4계명은 '안식일을 기억하여 거룩하게 지키라 엿새 동안은 힘써 네 모든 일을 행할 것이나 일곱째 날은 네 하나님 여호와의 안식일인즉 너나 네 아들이나 네 딸이나 네 남종이나 네 여종이나 네 가축이나 네 문안에 머무는 객이라도 아무 일도 하지 말라 이는 엿새 동안에 나 여호와가 하늘과 땅과 바다와 그 가운데 모든 것을 만들고 일곱째 날에 쉬었음이라 그러므로 나 여호와가 안식일을 복되게 하여 그 날을 거룩하게 하였느니라'입니다(출 20:8-11).

제4계명은 하나님께서 세상을 만드신 후에 일곱째 날에 쉬셨으니 모든 사람이 이날을 구별하여 특별하게 지키라는 것입니다. 즉 엿새 동안은 힘써 일하고, 일곱째 날에는 아무 일도 하지 말고 쉬라는 것입니다. 따라서 안식일 준수 계명은 창조 후 즉시, 곧 십계명이 주어지기 전부터 있었다고 볼 수 있습니다. 비록 성경에 명시되어 있지는 않지만, 하나님께서 세상을 만드신 후에 사람들에게 안식일을 지키라고 명령하셨으며, 훗날 십계명에서 그 명령을 성문화하신 것입니다.

소요리문답 58문은 '네 번째 계명이 명하는 것은 무엇입니까?'라는 질문에 대하여, '네 번째 계명이 명하는 것은 하나님께서 그분의 말씀으로 정하신 때들을 하나님 앞에서 거룩하게 지키는 것, 특별히 칠일 중 하루 온종일을 거룩한 안식일로 지키라는 것입니다'라고 설명합니다. 그렇다면 하나님은 왜 우리에게 하루를 거룩한 날로 구별하여 지키라고 명령하셨습니까? 즉, 우리는 안식일을 지키라는 하나님의 명령을 통하여 무엇을 배울 수 있습니까?

첫째로, 우리는 안식일을 통하여 하나님이 세상을 창조하신 사실을 배울 수 있습니다. 하나님은 엿새 동안 세상을 만드시고 칠일째 되는 날에 안식하셨습니다. 따라서 우리는 안식일을 지킴으로 하나님이 세상을 만드신 일을 기억하며, 하나님이 허락하신 세상에 대하여 감사하고, 하나님이 세상을 만드신 뜻을 깨달으며, 하나님이 만드신 창조의 세계를 누립니다.

둘째로, 우리는 안식일을 지킴으로 창조의 목적이 무엇인지를 배울 수 있습니다. 안식일은 창조의 완성, 곧 하나님의 나라를 상기시켜 줍니다. 하나님은 우리가 안식일을 준수함으로 이 세상에서 열심히 살다가, 장차 오는 세상에서 영원한 안식을 얻는다는 사실을 가르쳐줍니다. 필시 이 세상에서의 안식일은 천국에서의 영원한 안식을 소망하게 합니다.

셋째로, 우리는 안식일 준수 계명을 통하여 하나님의 사랑을 배울 수 있습니다. 사람은 일만 하는 존재가 아닙니다. 일만 하다 보면 반드시 지치고 병이 듭니다. 따라서 쉼은 매우 중요합니다. 우리는 엿새 동안 일하고 하루 쉼으로써 힘을 회복하여 다시 일할 수 있습니다. 따라서 하나님은 사람과 피조물 전체가 안식하는 시간을 정기적으로 가지게 하심으로 그들을 향한 사랑을 보여주셨습니다.

그러므로 안식일은 하나님께서 거룩하게 구별하신 날이며, '우리를 위하여' 주신 날입니다(사 58:13-14). 안식일 준수 계명은 우리에게 중요한 가르침을 줍니다. 곧 하나님의 창조를 상기시켜 주고, 천국에서의 영원한 안식을 바라보게 하며, 이 세상에서의 실제적인 쉼을 실천하게 합니다. 따라서 안식일은 복된 날이기에, 이날을 귀중하게 여기고 구별하여 지켜야 합니다.

그런데 안식일의 표상은 예수 그리스도이십니다. 즉 안식일은 예수 그리스도 안에서 진정으로 구현됩니다. 예수 그리스도는 창조의 근본이시고, 영원한 세상에서 우리를 복되게 하시는 분이시며, 이 세상에서 우리에게 평안과 쉼을 주는 분이십니다. 그래서 예수님은 '수고하고 무거운 짐 진 자들아 다 내게로 오라 내가 너희를 쉬게 하리라'라고 말씀하셨습니다(마 11:28).

하나님은 구약의 성도들이 안식일을 지키라고 하심으로 언젠가 그들에게 오셔서 안식을 주실 예수 그리스도를 바라보게 하셨습니다. 하지만 그들은 안식일의 참된 의미를 이해하지 못한 채 그것을 종교 규정이나 강제 조항으로 여겨서 형식적으로 지킴으로 안식일을 어기는 죄를 지었습니다. 따라서 우리는 안식일을 그리스도 중심으로 이해해야 합니다. 그리스도 안에 진정한 안식, 곧 평안과 즐거움과 쉼과 소망이 있다는 사실을 알고 언제나 그리스도 안에 거해야 합니다.

안식일은 복을 받는 날

제1계명에서 제4계명은 예배와 연관됩니다. 제1계명은 예배의 대상을 규정하고, 제2계명은 예배의 방법을 알려주며, 제3계명은 예배자의 자세를 가르쳐줍니다. 그리고 제4계명은 예배의 시간을 말해줍니다. 즉 안식일에 예배를 드려야 한다는 사실을 일러줍니다.

하나님은 세상을 만드신 후 일곱째 날에 안식하셨으며, 따라서 안식일은 매주의 일곱째 날인 토요일이었습니다. 하지만 예수 그리스도가 일요일에 부활하신 후에는 안식일이 매주의 첫째 날인 일요일로 바뀌었습니다. 그래서 초기 성도들은 일요일에 모여 예배를 드렸습니다(행 20:7; 고전 16:2).

이와 관련하여 소요리문답 59문은 '하나님께서 칠일 중 어느 날을 매주의 안식일로 정하셨습니까?'라는 질문에 '하나님께서 세상의 시작부터 그리스도의 부활까지는 매주의 일곱째 날을 안식일로 정하셨고, 그 후로부터 세상의 끝날까지는 매주 첫날을 지키도록 하셨는데, 이것이 그리스도인의 안식일입니다'라고 대답합니다.

구약시대의 안식일과 신약시대의 주일의 관계를 간략히 정리하면 다음과 같습니다. 우리는 안식일을 지켜야 합니다. 구약의 모든 규례와 절기는 예수님 안에서 완성되었습니다. 우리는 예수님을 믿음으로 예수님 안에서 안식을 누립니다. 이 땅에 오셔서 구속의 사역을 이루신 예수님은 자신이 부활하신 날을 안식일로 삼으셨습니다. 따라서 우리는 예수님이 구속을 완성하신 부활의 날인 '주님의 날'(주일)을 지켜야 합니다. 우리가 주일날 예수님 안에서 누리는 안식은 장차 있을 영원한 안식을 예시하고 보증합니다.

그렇다면 우리는 이날을 어떻게 거룩하게 지킬 수 있습니까? 소요리문답 60문은 '어떻게 안식일을 거룩하게 할 수 있습니까?'라는 질문에 대해서 '안식일을 거룩하게 하려면, 그날 온종일을 거룩하게 쉬어야 하고, 다른 날에 할 수 있는 여러 가지 세상의 일과 오락까지도 그쳐야 하며, 모든 시간을 하나님께 공적, 사적으로 예배하는 일에 사용하되, 다만 부득이한 일과 자비를 베푸는 일에는 예외적으로 사용해야 합니다'라고 대답합니다.

구체적으로, 우리는 이날을 다음과 같이 지켜야 합니다. 주일에는 교회의 공적인 예배에 반드시 참석해야 합니다. 모든 신자는 반드시 지역교회(개체교회)에 소속되어야 하는데, 원칙적으로 자신이 속한 교회에서 예배드리되, 출타와 같은 부득이한 경우에 타 교회에서 예배드릴 수 있습니다. 주일에는 세상의 일과 공부와 오락을 멈추어야 합니다. 하지만 급박한 일, 부득이한 일, 선한 일, 가벼운 오락 등은 할 수 있는데, 상식과 양심과 덕을 가지고 판단해서 결정해야 합니다. 주일에 해야 할 일은 가족을 돌봄, 성도의 교제, 복음을 전함, 선한 봉사, 구제, 병문안 등입니다. 주일에는 육체적인 안식을 취해야 합니다. 이때 자신뿐만 아니라 가족이나 고용인도 쉬게 해야 합니다. 하루를 푹 쉬면서 새로운 한 주를 준비하는 것은 여러모로 유익합니다.

우리나라 사람들은 쉬는 것을 두려워합니다. 부지런히 일해서 돈을 많이 벌고 싶어 합니다. 학생들도 마찬가지입니다. 교육 시스템 자체가 학생들에게 많이 공부할 것을 요청하지만, 학생들 자신이나 부모들도 남들과의 경쟁에서 이기기 위해 열심히 공부합니다. 그래서 주일에도 일하고 공부하다 보니 주일성수를 등한시합니다. 하지만 그리스도인은 주일을 반드시 지켜야 합니다. 그렇게 할 때 하나님이 건강과 지혜와 물질과 성장을 허락하실 것입니다. 우리는 하나님이 생사화복의 주인이시며 흥망성쇠의 주체이심을 믿고 그분의 명령에 따라 주일을 거룩히 지켜야 합니다.

이에 소요리문답 62문은 '네 번째 계명을 지켜야 할 이유는 무엇입니까?'라고 질문한 후 '네 번째 계명을 지켜야 할 이유는, 하나님께서 우리 자신의 사업을 위하여 한 주간 중 엿새를 우리에게 허락하신 것과, 하나님께서 일곱째 날을 자신의 특별한 날로 삼으신 것과, 하나님 자신이 친히 모범을 보이신 것과, 하나님께서 안식일에 복을 주신 것 때문입니다'라고 답변합니다.

성경에서 안식일 준수 명령은 대단히 중요합니다. 안식일을 지키라는 명령은 종교적 규례에 머물지 않습니다. 안식은 예수님 안에 있으며, 안식일을 지키는 것은 예수님을 믿고 그분 안에 거하는 것을 의미합니다. 특히 예수님은 시간의 주인으로서 자신이 부활하신 날을 새로운 안식일로 지키라고 명령하셨습니다. 그리고 하나님은 이날을 지키는 이들에게 복을 주시겠다고 약속하셨습니다.

제4계명 해석의 정수

안식일의 변화의 기준은 부활이다. 주 예수 그리스도의 부활에 근거해 구약의 안식일을 대신하여 일요일이 신약의 안식일이 되었다. 이렇게 안식일에서 주일로 바뀐 것은 예수 그리스도의 부활이 전 우주적인 사건이라는 사실에 근거한다. 그리스도의 부활은 단지 한 사람이 죽은 자 가운데서 살아난 정도가 아니라 하나님의 새 창조사역이다. 부활은 전 우주적인 사건이어서 사망 권세를 정복하고 깨뜨렸을 뿐 아니라 이 세상을 새롭게 한 놀라운 사건이다. 이런 점에서 부활과 주일의 관계는 매우 중요하다. 부활과 주일의 관계에 대해 프린스턴의 조직신학자 찰스 핫지(Charles Hodge, 1797-1878)는 이렇게 말했다. "사람들이 예수님의 부활에 대한 지식이 없어지기를 원한다면, 그들로 하여금 주간의 첫날을 거룩하게 지키는 것을 무시하도록 하라. 그러나 부활 사건이 어디에서나 알려지고 기억되기를 원한다면 그날(안식 후 첫날)을 부활하신 주님께 대한 예배로 거룩하게 드리라." 웨스트민스터의 조직신학자 존 머레이(John Murray, 1898-1975)는 이렇게 말했다. "주의 날로서의 주간의 첫날에 속하는 신성함은 예수님의 부활이 포함하고 있는 모든 것을 끊임없이 생각나게 하는 것이다.

출처: 손재익, 「십계명: 언약의 10가지 말씀」, 서울: 디다스코, 2016, 171.

제1계명

Q. 오늘날 사람들이 신으로 섬기는 대상에는 어떤 것들이 있을까요?

Q. 오늘날 우리는 성경을 읽으면서 하나님을 얼마나 풍성하게 그리고 얼마나 정확하게 알고 있나요?

제2계명

Q. 성경에 계시된 하나님의 속성에 대해서 토론해 봅시다.

Q. 성경이 말하는 예배의 방식과 우리 교회의 예배 방식을 비교해 봅시다.

제3계명

Q. 성경에 계시된 하나님의 이름과 그 의미를 말해 봅시다.

Q. 우리가 하나님의 이름을 함부로 부르는 예에는 어떤 것들이 있을까요?

제4계명

Q. 안식일의 진정한 의미는 무엇인가요?

Q. 주일을 어떻게 지켜야 할까요?

제2장
이웃을 향한 계명

제2장
이웃을 향한 계명

제5계명과 근본 도리: 네 부모를 공경하라

부모 공경의 의미와 실제

십계명은 크게 두 부분으로 나뉩니다. 첫 번째 부분은 제1계명에서 제4계명으로 하나님을 향한 계명(하나님 사랑)이고, 두 번째 부분은 제5계명에서 제10계명으로 인간을 향한 계명(이웃 사랑)입니다. 물론, 이 두 부분은 날카롭게 구분되지 않습니다. 하나님을 사랑하는 것과 이웃을 사랑하는 것은 긴밀하게 연결됩니다. 곧 하나님을 사랑하는 마음을 가질 때 이웃을 사랑할 수 있습니다.

인간을 향한 첫 번째 계명은 제5계명입니다. 제5계명은 '네 부모를 공경하라 그리하면 네 하나님 여호와가 네게 준 땅에서 네 생명이 길리라'입니다(출 20:12). 하나님은 이 계명을 주심으로 인간을 향한 도리 가운데 가장 근본 되고 중요한 것이 무엇인지를 알게 해 주셨습니다. 즉 부모 공경은 우리가 무엇보다도 잘해야 하는 일입니다. 실제로, 부모를 공경하는 일은 다른 모든 인간관계의 출발점이 됩니다.

성경의 가르침을 통전적으로 이해할 때 우리가 부모를 공경해야 하는 이유는 다음과 같습니다. 부모가 하나님의 대리자이기 때문입니다. 하나님은 부모를 통해서 우리에게 신앙을 전수해 주시고 하나님의 도를 가르쳐주십니다. 하나님이 부모를 통하여 우리를 세상에 보내시기 때문입니다. 우리는 부모를 통하여 하나님의 피조물로 이 땅에 존재합니다. 부모가 자녀에 대한 양육과 책임을 지니기 때문입니다. 우리는 부모에게 순종함으로 하나님이 부모를 통하여 우리를 양육하시는 것을 받아들입니다. 가정은 가장 중요한 기관이며 사회의 기초 단위인데, 부모는 가정의 대표자이기 때문입니다.

그러므로 우리는 부모라는 사실 자체 때문에 부모를 공

경할 뿐만 아니라, 하나님이 부모를 통하여 우리를 세상에 존재하게 하시고 길러주시고 신앙을 전수해 주시기 때문에 공경해야 합니다. 즉 부모 공경은 단지 생물학적이거나 인륜에 따른 차원에서 행해지는 것이 아니라 신앙적인 차원에서 행해지는 것입니다. 하지만 부모를 공경하는 일은 그분들이 신자이건 아니건 관계없습니다. 모든 사람은 반드시 자신의 부모를 공경해야 합니다. 특히 믿는 자는 부모 공경에 더욱 각별한 정성을 쏟아야 합니다. 이에 바울은 다음과 같이 말했습니다.

'누구든지 자기 친족 특히 자기 가족을 돌보지 아니하면 믿음을 배반한 자요 불신자보다 더 악한 자니라'(딤전 5:8).

하나님은 '네 부모를 공경하라 그리하면 네 하나님 여호와가 네게 준 땅에서 네 생명이 길리라'고 말씀하셨습니다(출 20:12). 또한, 바울은 '네 아버지와 어머니를 공경하라 이것은 약속이 있는 첫 계명이니 이로써 네가 잘되고 땅에서 장수하리라'라고 권면했습니다(엡 6:2-3). 그리고 예수님은 하나님을 섬긴다는 명분으로 부모를 공경하지 않는 것은 제

5계명을 범하는 것이라고 말씀하셨습니다(마 15:1-10). 따라서 부모를 공경하는 일은 하나님이 대단히 기뻐하시는 일로서, 하나님은 부모를 공경하는 자에게 큰 상을 주십니다.

그렇다면 우리가 어떻게 부모를 공경할 수 있습니까? 하이델베르크 요리문답 104문은 '제5계명에서 하나님께서 원하시는 것은 무엇입니까?'라는 질문에 대하여 '나의 부모님, 그리고 내 위에 있는 모든 권위에 모든 공경과 사랑과 신실함을 나타내고, 그들의 모든 좋은 가르침과 징계에 대해 합당한 순종을 하며, 또한 그들의 약점과 부족에 대해서는 인내해야 합니다. 왜냐하면 그들의 손을 통해 우리를 다스리시는 것이 하나님의 뜻이기 때문입니다'라고 답변합니다.

따라서 부모를 공경하는 방법을 다음과 같이 정리할 수 있습니다. 가장 근본적이고 중요한 것은 부모에 대한 공경과 사랑과 신실한 마음을 가지는 것입니다. 부모의 말씀에 즐겁고 합당하게 순종해야 합니다. 부모의 약점과 부족함을 짊어지고 이를 사랑으로 덮어 드려야 합니다. 실제적인 행동으로 도움을 드릴 수 있는데, 특히 부모가 경제적으로 어렵지 않게 해 드려야 합니다. 부모를 위하여 항상 기도해야 합니다. 부모를 섬기되 '주 안에서', 즉 주님이 허용하신 범위 안에서와 주님이 허락하시는 방법으로 섬겨야 합니다.

요약하자면, 우리가 부모를 공경해야 하는 이유는 하나님께서 부모의 손을 통해 우리를 다스리시기 때문입니다. 하나님은 부모를 통하여 우리를 세상에 존재하게 하시며, 우리는 부모를 통해 하나님을 알고 믿음을 전수받습니다. 더욱이 우리는 부모를 공경함으로 다른 모든 권위에 순종하는 방법을 배웁니다. 따라서 부모를 공경하는 것은 신자의 근본 도리입니다. 필시 이 계명은 인간을 향한 계명들 가운데서 가장 우선합니다.

부모 공경과 인간관계

제5계명은 제유법(提喩法)입니다. 성경은 부모의 범위를 넓게 보아서 문자적 의미의 부모 외에 많은 사람을 포괄합니다. 즉 부모를 자기보다 높은 권위자로, 나라의 통치자로, 교회의 지도자로, 직장의 상사 등으로 확대하여 적용합니다(창 45:8; 사 49:23; 딤전 1:2; 벧전 2:13-18 등).

이에 소요리문답 64문은 '다섯 번째 계명이 명하는 것은 무엇입니까?'라는 물음에 대하여 '다섯 번째 계명이 명하는 것은 사람들 각자가 그들의 지위와 관계에서 연관을 맺고 있는 윗사람들과 아랫사람들과 동등한 사람들에 대하여, 모든 사람의 명예를 지켜주라는 것과 자신의 의무를 이행하라는 것입니다'라고 답변합니다.

우리는 부모의 범위를 다음과 같이 이해할 수 있습니다. 육적인 부모(아버지, 어머니, 집안의 어른들), 영적인 부모(목사, 장로, 교회의 교사, 교회의 지도자), 교육적인 부모(학교의 교사), 사회적인 부모(사회의 연장자, 영향을 미친 사람), 정치적인 부모(대통령, 정치 지도자), 경제적인 부모(직장의 사장, 상사, 선배), 모든 사람(아랫사람과 동등한 사람).

따라서 우리는 제5계명에 담긴 하나님의 말씀을 문자적인 부모 공경의 차원에서 끝내지 말고 모든 인간관계로 확대하여 적용해야 합니다. 우리는 모든 사람, 곧 윗사람과 아랫사람과 동등한 사람의 명예를 지켜주어야 하며 그들을 향한 우리의 의무를 이행해야 합니다. 하나님은 우리에게 부모를 공경하라고 하시면서 모든 사람과 바람직한 관계를 형성하면서 살 것을 요청하셨습니다. 필시 부모를 공경하는 일은 모든 인간관계의 기본이며 실례가 됩니다.

이에 사도들은 '그리스도를 경외함으로 피차 복종하라'(엡 5:21), '뭇사람을 공경하며 형제를 사랑하며 하나님을 두려워하며 왕을 존대하라'(벧전 2:17), '형제를 사랑하여 서로 우애하고 존경하기를 서로 먼저 하며'(롬 12:10)라고 권면했습니다.

그렇지만 우리가 육체적인 부모를 비롯하여 다른 사람들을 대할 때 무조건 그들을 공경하고 아무런 이유 없이 그들의 말에 순종하거나 동조해야 하는 것은 아닙니다. 성경은 우리가 '주 안에서' 부모를 공경해야 한다고 가르치며, 주님이 허락하신 방법과 범위 안에서 그들의 말에 순종하며 협조해야 한다고 말합니다(엡 6:1; 골 3:20-21).

분명히 우리는 누구보다도 부모를 잘 공경해야 하며 권위자에게 깍듯이 순종해야 합니다. 하지만 하나님의 말씀에 어긋나는 부모의 말과 권위자의 명령은 따르지 말아야 합니다. 예를 들어, 나라의 통치자가 자신을 숭배하게 하거나 우상을 섬기게 한다면 우리는 단호히 그의 말을 거부해야 합니다. 이는 하나님이 궁극적인 권위자이시며 하나님의 명령이 가장 우선시되기 때문입니다. 우리는 단지 '높은 사람'에게 순종하는 것이 아니라 '하나님이 세우신 높은 사람'에게 순종하는 것입니다.

그러나 부모나 권위자가 하나님의 명령에 배치되는 요구

를 했을 때는 매우 지혜롭고 현명하게 대처해야 합니다. 부모의 불신앙적인 요구에 대하여 무례한 반응을 보이거나 상사의 부당한 명령 앞에서 지나치게 적대적인 감정을 드러내는 것은 바람직하지 않습니다. 우리는 부모를 공경하는 마음을 유지하면서 그들을 설득하는 일을 지속해야 합니다. 그리고 권위자에 대해서는 순종(협조)하는 자세를 견지하면서 우리의 신앙과 양심에 따라 처신해야 합니다.

결국, 제5계명은 우리가 명심해야 할 근본 도리가 무엇인지를 가르쳐줍니다. 우리는 이 계명을 지킴으로 가정의 화목을 도모할 수 있으며, 사회의 질서를 유지할 수 있습니다. 즉 부모를 극진히 섬기며, 통치자와 상사를 존중하는 것은 세상을 밝게 만듭니다. 만일 부모와 권위자의 말을 듣지 않는다면 이 세상이 어떻게 되겠습니까? 엄청난 불행과 혼란이 있을 것이 자명합니다.

우리는 이 세상에서 홀로 살지 않습니다. 우리는 다른 사람과 관계를 이루며 지냅니다. 그런 가운데 부모와의 관계는 모든 인간관계의 기본이며 사회생활의 출발점입니다. 따라서 부모를 공경하는 것은 다른 사람과의 관계를 올바르게 하는 길이 됩니다. 실제로 부모를 잘 공경하는 사람은 다른 사람과 원만한 관계를 이루며 살아갑니다. 그러므로 하나님께서 제5계명을 우리에게 주심으로 우리가 올바른 삶을 살 수 있게 하신 것을 알고 이 말씀을 잘 이해하고 순종해야 합니다.

제5계명 해석의 정수

하나님께 부여받은 부모의 권위는 언약 공동체의 질서를 유지시키는 근간으로 작용합니다. 권위 없는 질서가 있을 수 없기 때문입니다. 특히 '네 아버지와 네 어머니'라는 표현을 통해 어머니의 권위를 아버지와 같은 차원으로 다루고 있다는 사실이 참으로 놀랍습니다. 당시의 철저한 가부장적 분위기를 고려하면, 그런 표현 자체가 하나님으로부터 주어진 권위 있는 계명임이 틀림없습니다. 이런 맥락에서 볼 때 제5계명은 단순히 시대 분위기에서 나온 개인적 차원의 '부모 존중' 또는 '부모 공경'의 메시지가 아니라, 언약 공동체와 하나님 사이의 관계와 질서를 형성하는 공동체적 메시지입니다. 자녀가 부모를 존중해야 하는 이유도 그러한 차원에서 접근해야 합니다. 내 아버지와 내 어머니를 존중할 때, 일차적으로 하나님의 권위를 의식하고 또한 하나님께 순종하는 부모의 권위를 인정하는 가운데 언약 공동체의 질서를 최종적으로 고려해야 합니다. 그렇지 않으면 5계명이 유교의 효 사상이나 세상의 윤리와 별반 다를 바가 없게 됩니다.

출처: 권율, 「올인원 십계명」, 서울: 세움북스, 2019, 82.

제6계명과 인간 존중: 살인하지 말라

살인의 의미와 범위

제6계명은 '살인하지 말라'입니다(출 20:13). 살인(殺人)이란 사람을 죽이는 것을 의미합니다. 하나님은 사람을 자신의 형상과 모양대로 만드셨습니다. 이는 하나님이 사람을 대단히 존귀하게 만드셨다는 뜻으로, 사람은 모든 피조물 가운데 특별한 지위를 가집니다. 그래서 하나님은 노아와 언약을 맺으시면서 다른 사람의 피를 흘리면 그 사람의 피도 흘릴 것이라고 엄히 말씀하셨습니다(창 9:5-6).

그런데 성경이 증언하는 살인의 범위는 넓습니다. 단지 사람을 죽이는 것뿐 아니라 사람에게 해(害)를 가하는 모든 행위를 포괄합니다. 이에 예수님은 "옛 사람에게 말한 바 살

인하지 말라 누구든지 살인하면 심판을 받게 되리라 하였다
는 것을 너희가 들었으나 나는 너희에게 이르노니 형제에게
노하는 자마다 심판을 받게 되고 형제를 대하여 라가라 하
는 자는 공회에 잡혀가게 되고 미련한 놈이라 하는 자는 지
옥 불에 들어가게 되리라"라고 말씀하셨습니다(마 5:21-22).

소요리문답 68문은 '여섯 번째 계명이 명하는 것은 무엇
입니까?'라고 물은 후에 '여섯 번째 계명이 명하는 것은 모
든 합법적인 노력을 기울여 우리 자신의 생명과 다른 사람
의 생명을 보존하라는 것입니다'라고 답변합니다. 또한, 소
요리문답 69문은 '여섯 번째 계명이 금하는 것은 무엇입니
까?'라는 질문에 대해 '여섯 번째 계명이 금하는 것은 우리
자신의 생명이나 우리 이웃의 생명을 부당하게 빼앗거나 또
는 그렇게 하려는 의도가 있는 모든 것입니다'라고 답변합
니다.

그리고 하이델베르크 요리문답 105문과 106문은 살인의
개념(범위)을 잘 설명해 줍니다. 105문은 '제6계명에서 하나
님이 원하시는 것은 무엇입니까?'라고 질문한 후에 '내가 이
웃의 명예를 훼손하거나 그들을 미워하거나 해치거나 죽이
지 않기를 원하십니다. 나는 생각이나 말이나 몸짓으로 무

엇보다도 행동으로 그리해서는 안 되고, 다른 사람을 시켜서 해도 안 되며, 오히려 모든 복수심을 버려야 합니다. 더나아가 자기 자신을 해쳐서도 안 되고 부주의하게 위험에 빠뜨려서도 안 됩니다. 그러므로 살인을 막기 위해서 국가는 또한 칼을 가지고 있습니다'라고 대답합니다. 또한, 106문은 '그런데 이 계명은 살인에 대해서만 이야기합니까?'라는 물음에 대하여 '아닙니다. 하나님은 살인을 금함으로써 살인의 뿌리가 되는 시기, 증오, 분노, 복수심 등을 미워하시며, 이 모든 것들을 살인으로 여기신다고 가르칩니다'라고 답변합니다.

그러므로 살인하지 말라는 말은 다른 사람의 생명을 빼앗지 말라는 뜻을 넘어서서 자신의 생명을 보존해야 한다는 것을 의미합니다. 나아가서 자신의 생명과 이웃의 생명을 보존하기 위하여 모든 합법적인 노력, 곧 성경적이고 사회적이며 상식적으로 정당하면서 정상적인 노력을 기울여야 하는 것을 뜻합니다. 이에 우리는 자신의 생명이나 이웃의 생명을 부당하게 빼앗지 말아야 할 뿐만 아니라 그렇게 하려는 의도를 철저히 금해야 합니다.

살인에는 여러 종류가 있습니다. 실제 살인: 고의적인 살인, 보복 살인, 충동적인 살인, 과실치사, 테러, 살인 방조, 살상무기 제작 등; 간접 살인: 환경파괴, 불량식품, 악덕고리대금업, 인터넷 악플, 인권유린, 미워하고 욕함 등; 어쩔 수 없는 살인: 정의로운 전쟁, 정당한 공권력, 정당방위, 정당한 사형제도, 비과실치사 등; 부정한 권력에 의한 살인: 정의롭지 못한 전쟁, 부정한 공권력, 정당하지 않은 사형제도 등; 성격 규명이 필요한 살인: 낙태, 안락사, 자살, 자해 행위 등; 정의롭거나 영예로운 죽음: 순교, 순국, 순직, 자기희생 등.

따라서 살인을 단순하게 규정해서는 안됩니다. 우리는 사람을 죽이거나 죽이려 하는 모든 사회적 행동의 성격과 종류와 의도를 정확하게 규명해야 하고 그에 적합하게 처분해야 합니다. 이러한 작업은 쉽지 않고 난해하며 때로는 중첩되기도 합니다. 따라서 윤리학자들은 각 상황을 해석해 주어야 하고 그에 대한 적당한 대처 방안을 제시해 주는 작업을 게을리하지 말아야 합니다.

결국, 하나님께서 제6계명을 주신 의도는 분명합니다. 그것은 사람을 귀중히 여기라는 것입니다. 하나님께서는 자신의 형상대로 창조하신 사람을 대단히 특별하고 가치 있게 만드셨습니다. 이에 우리는 사람의 생명을 보존하는 일에 모든 합법적인 노력을 기울여야 하며, 더욱이 사람의 가치와 권리가 훼손되지 않도록 모든 수고를 아끼지 말아야 합니다.

다양한 경우

제6계명을 지키는 일은 다양한 형태로 드러나기에 우리는 다양한 경우에 어떤 태도를 보여야 하는지를 고찰해야 합니다.

생각과 말: 우리는 생각과 말로 다른 사람에게 상처나 모욕을 주지 말아야 합니다. 요한일서 3장 15절은 '그 형제를 미워하는 자마다 살인하는 자니'라고 말합니다. 우리는 폭력적인 일체의 말과 행동을 삼가야 하며, 인내심과 온유함을 유지해야 하고, 부드럽고 공손한 말씨와 태도를 보여야 합니다. 그리고 분노, 증오심, 복수심, 질투심 등을 버려야 합니다. 생각이나 말이나 몸짓으로 다른 사람에게 정신적이거나 물리적인 피해를 주지 않도록 충분히 배려해야 합니다.

자기 학대: 자신을 지나치게 미워하고 학대하는 것도 제6계명을 어기는 일입니다. 하나님이 자신을 세상에 보내신 의미와 목적을 망각하고 자기 인생을 낭비하거나 처지를 비관하는 것은 바람직하지 않습니다. 그리고 지나치게 향락을 추구하여 자기의 몸과 마음을 망치는 것도 이 계명을 지키지 않는 것입니다. 과식과 운동 부족, 술과 담배, 그리고 약물 남용과 지나친 향락 추구 등은 자신에게 매우 유해합니다. 우리는 질병을 예방하기 위해서 위생에 신경 써야 하고, 질병을 치료하는 일에 적극적이어야 하며, 마음을 잘 다스려서 스트레스를 받지 않도록 노력해야 하고, 지나치게 일을 많이 하여 몸이 상하지 않게 해야 합니다. 그리고 적절한 운동과 휴식, 수면 등을 통해서 몸과 마음이 건강해지게 해야 합니다.

자살: 모든 생명은 하나님께 속해 있습니다. 즉 타인의 생명도 하나님의 것이요 자신의 생명도 자신의 것이 아니라 하나님의 것입니다. 따라서 자살은 결코 정당화될 수 없습니다. 하이델베르크 요리문답 105문은 제6계명에 관하여 말하면서, '더 나아가 자기 자신을 해쳐서도 안 되고 부주의

하게 위험에 빠뜨려서도 안 됩니다'라고 합니다. 우리 주위에는 삶의 의욕을 상실하고 극단적인 생각을 하는 이들이 있습니다. 특히 사회적으로 영향을 미치는 이들의 자살 소식은 일반인들의 자살을 부추깁니다. 이것은 대단히 심각한 일입니다. 우리는 자살을 미화하지 말아야 하고 용인하지도 말아야 합니다. 자살 예방교육과 같은 장치를 마련하여 귀중한 생명을 포기하지 않게 해야 합니다.

낙태: 언제부터 '사람'이라고 인정할 수 있을까요? 우리는 성경의 기록을 살펴야 하는데, 시편 139장 13절에는 '주께서 내 내장을 지으시며 나의 모태에서 나를 만드셨나이다'라는 언급이 있습니다. 이는 수태하여 사람의 형질이 이루어질 때부터 사람이라는 뜻이 됩니다. 필시 모태에서 수정란이 형성된 순간부터 사람이라고 할 수 있습니다. 따라서 낙태는 살인죄에 해당합니다. 종종 낙태를 별다른 죄의식 없이 행하는 경우가 있는데, 우리는 이러한 일이 미리 방지되도록 여러모로 노력해야 합니다. 하나님께서 세상에 사람을 보내시는 방식은 어머니 배 속을 통해서인데, 배 속에 있는 태아를 죽이는 것은 하나님이 만드신 사람을 죽이는

심각한 범죄임을 알아야 합니다. 심지어 태아가 장애를 가지고 있다 하더라도 낙태하지 말아야 합니다. 그러한 태아도 하나님이 만드신 '온전한 사람'이기 때문입니다.

　　사형제도: 성경은 다른 사람의 피를 흘린 자가 피를 흘릴 것이라고 말하고(창 9:6), 사람을 쳐 죽인 자는 반드시 죽이라고 명령하며(레 24:17), 하나님께서 국가의 통치자들에게 '칼'(사람을 죽일 수 있는 도구)을 주셨다고 말합니다(롬 13:4). 즉 국가는 악한 자들이 마음껏 활개 치면서 세상을 어지럽히고 무고한 생명을 해하는 일을 막기 위해서 공권력을 가지고 있습니다. 따라서 우리는 국가가 시행하는 형벌제도를 존중해야 하며 사형제도 역시 받아들여야 합니다. 다만 우리는 국가가 사형을 결정하고 집행하는 과정에 오류나 부당함이 없는지를 세심하게 살펴서 무고한 사람이 억울하게 죽임을 당하지 않게 해야 합니다.

　　전도하지 않는 일: 전도는 누군가에게 가장 큰 선물을 안겨다 주는 것입니다. 전도를 통하여 복음을 듣고 영원한 생명을 얻는다는 것은 얼마나 값지고 귀한 일입니까? 하지만 이

말은 전도하지 않으면 다른 사람을 영원한 사망에 이르게 한다는 뜻이 됩니다. 따라서 전도하지 않는 것은 제6계명을 어기는 것입니다. 이에 야고보는 다음과 같이 말했습니다.

'내 형제들아 너희 중에 미혹되어 진리를 떠난 자를 누가 돌아서게 하면 너희가 알 것은 죄인을 미혹된 길에서 돌아서게 하는 자가 그의 영혼을 사망에서 구원할 것이며 허다한 죄를 덮을 것임이라'(약 5:19-20).

그 밖에: 위에서 언급한 것들 외에도 제6계명의 의미와 실제를 광범위하게 생각할 수 있습니다. 예를 들어, 어려운 사람들에게 도움을 주는 일, 전쟁을 억제하는 일, 화평을 유지하는 일, 악한 권세나 세력에 맞서는 문제, 연명치료, 안락사, 환경파괴, 전염병, 불량식품, 의료사고, 위험한 환경에서의 노동 등에 대해서 생각할 수 있습니다.

제6계명 해석의 정수

정말 여섯째 계명의 의도대로 이웃을 사랑하고자 한다면, 우리는 자신의 원수와 아울러 복음을 대적하는 사람까지 사랑해야 한다. 우리는 믿음의 형제자매뿐 아니라 하나님 나라 밖에 있는 이방인과 나그네와 아울러, 심지어 교회가 사라지는 것을 당장 보고 싶어하는 자들에 대한 사랑을 분명히 입증해야 할 것이다. 이것이 진정한 평가 기준이다. 결국 예수님이 우리에게 "너희가 너희를 사랑하는 자를 사랑하면 무슨 상이 있으리요 세리도 이같이 아니하느냐 또 너희가 너희 형제에게만 문안하면 남보다 더 하는 것이 무엇이냐 이방인들도 이같이 아니하느냐?"(마 5:46-47)고 질책하신다. 다시 말해, 모든 집단은 유유상종한다. 소수 집단은 자기를 위한 이익단체에 관심을 갖는다. 우리 사회는 자기 몫을 챙기는 데 혈안이 된 특수 이익단체가 점점 더 활개를 치기 때문에, 사람들이 사회 전체에 대한 책임을 망각하는 지경에 이를 때가 많다.

출처: 마이클 호튼, 『십계명의 렌즈를 통해서 보는 삶의 목적과 의미』, 윤석인 옮김, 서울: 부흥과 개혁사, 2005, 190.

제7계명과 순결한 삶: 간음하지 말라

마음을 지킴

제7계명은 '간음하지 말라'입니다(출 20:14). 간음이란 부부 사이를 제외하고 일어나는 모든 종류의 성행위를 의미합니다. 하나님은 결혼 제도를 친히 제정하셨고, 사람이 결혼을 통해서 가정을 이루어 사회의 단위를 구성하게 하셨습니다(창 2:18-25). 참으로 결혼을 통해서 한 남자와 한 여자가 하나가 되는 일은 신성하고 거룩한 하나님의 뜻입니다.

그런데 간음은 하나님이 제정하신 결혼 제도를 파괴하는 행위입니다. 실제로 간음은 대단히 심각한 죄악으로써 돌이키기 어려운 결과를 가져옵니다. 그래서 하나님은 간음하는 자들을 돌로 쳐 죽이라고 명령하셨습니다(레 20:10, 24:16, 신 22:20-24). 더욱이 구약성경에서 간음이라는 용어는 우상숭배와 불신앙을 비유적으로 가리키는 데 사용되었습니다(사 57:3; 렘 3:8-9).

신약성경에서 이 명령의 의미는 더욱 분명하게 드러났습니다. 예수님은 "또 간음하지 말라 하였다는 것을 너희가 들었으나 나는 너희에게 이르노니 음욕을 품고 여자를 보는 자마다 마음에 이미 간음하였느니라"라고 말씀하셨습니다(마 5:27-28). 이것은 원래의 계명에서 의미를 더한 것이 아니라 원래의 계명이 주어졌을 때의 의미를 명확하게 드러낸 것입니다.

필시 마음이 중요합니다. 예수님은 '마음에서 나오는 것은 악한 생각과 살인과 간음과 음란과 도둑질과 거짓 증언과 비방이니'라고 하셨으며(마 15:19), 바울은 '음행과 온갖 더러운 것과 탐욕은 너희 중에서 그 이름조차도 부르지 말라 이는 성도에게 마땅한 바니라 누추함과 어리석은 말이나 희롱의 말이 마땅치 아니하니 오히려 감사하는 말을 하라'고 권면했습니다(엡 5:3-4).

소요리문답 71문은 '일곱 번째 계명이 명하는 것은 무엇입니까?'라는 질문에 '일곱 번째 계명이 명하는 것은 마음과 말과 행동에서 우리 자신과 우리 이웃의 순결을 보존하는 것입니다'라고 말합니다. 또한, 소요리문답 72문은 '일곱 번째 계명이 금하는 것은 무엇입니까?'라는 물음에 대하여 '일곱 번째 계명이 금하는 것은 모든 부정한 생각과 말과 행동입니다'라고 대답합니다.

그러므로 우리는 실제적인 행동뿐만 아니라 마음도 조심해야 합니다. 음란한 생각을 하거나 부정한 말과 성적인 희롱을 하는 것은 모두 제7계명을 어기는 것입니다. 비록 사회는 행동(말)으로 표현한 것만 처벌하지만, 하나님은 범하려는 마음을 가지거나 범하는 상상을 하는 것도 이 계명을 어기는 것으로 규정하십니다.

오늘날 인터넷이나 영상 산업 등의 발달로 성적인 쾌락을 추구하는 방법이 다양하면서도 쉽게 이루어지고 있습니다. 음란한 사진이나 동영상이 많이 유포되고 있으며, 더욱 적나라하고 자극적이며 심지어 변태적인 장면을 내보내고 있습니다. 따라서 교회의 지도자들은 교인들에게, 특히 어린 자녀들에게 제7계명을 잘 가르쳐서 그들의 몸과 마음이 더럽혀지지 않게 해야 합니다.

그런데 음란을 저지르는 사람뿐만 아니라 음란을 조장하는 사람도 제7계명을 어기는 것임을 알아야 합니다. 하이델베르크 요리문답 109문은 '하나님은 이 계명에서 간음, 또는 그와 같은 부끄러운 죄만을 금하십니까?'라고 질문한 후에 '우리의 몸과 영혼이 모두 성령의 전이기 때문에 우리가 몸과 영혼을 순결하고 거룩하게 지키기를 원하십니다. 그렇기에 하나님은 모든 부정한 행동이나 몸짓, 말이나 생각이나 욕망, 또한 그리로 유혹하는 모든 것을 금하십니다'라고 답변합니다. 그리고 대요리문답 139문은 제7계명에서 금지된 죄들을 나열하면서 음탕한 표정, 뻔뻔스러운 추태나 경솔한 행동, 단정치 못한 옷차림, 음탕한 노래와 서적과 그림과 춤과 연극, 자신이나 다른 이에게 음란을 자극하는 것, 음란의 행위를 하는 모든 것 등을 언급합니다.

따라서 우리는 제7계명을 넓게 적용해야 합니다. 마음에 음욕을 품는 것과 그것을 해소하기 위해서 몸으로 죄를 짓는 것, 그리고 다른 사람들이 그러한 죄를 짓도록 유혹하는 것 모두가 제7계명을 어기는 일이라는 사실을 알아야 합니다. 음란을 조장하는 일을 취미나 돈벌이로 삼지 말아야 할 뿐만 아니라 평소에 옷차림이나 외모 등으로 음란을 자극하지도 말아야 합니다.

올바른 결혼생활

제7계명을 순종하는 것은 결혼생활을 지키는 일입니다. 하나님은 한 남자와 한 여자를 부부가 되게 하시고 그들을 통하여 사회가 이루어지게 하셨습니다. 필시 부부는 그 자체로 순수하고 신성합니다. 간음은 결혼생활을 깨뜨리는 일로 하나님의 선하신 뜻에 대한 도전이고 저항입니다. 따라서 간음은 개인과 가정을 향한 죄일 뿐만 아니라 하나님을 향한 죄입니다. 이에 다윗은 밧세바와 간음한 후에 "내가 여호와께 죄를 범하였노라"라고 말했습니다(삼하 12:13).

구체적으로 우리는 제7계명을 다음과 같이 지킬 수 있습니다.

복혼(複婚): 성경은 결혼을 한 남자와 한 여자의 결합이라고 말합니다(창 2:24). 따라서 일부다처나 일처다부와 같은 복혼은 제7계명을 어기는 일입니다. 웨스트민스터 신앙고백서 24장 1항은 '결혼은 한 남자와 한 여자 사이에 이루어지는 것입니다. 그래서 남자가 동시에 두 사람 이상의 아내를 두는 것이나, 여자가 동시에 두 사람 이상의 남편을 두는 것은 합법적이지 않다'고 말합니다. 반드시 한 남자와 한 여자의 결혼만 허용됩니다.

의무와 도리: 결혼 관계를 유지한다고 해서 제7계명을 지키는 것은 아닙니다. 부부는 서로를 충분히 배려해야 합니다. 성생활을 비롯하여 서로에 대한 의무와 도리를 다해야 합니다. 이에 전도서 9장 9절에서는 '네 헛된 평생의 모든 날 곧 하나님이 해 아래에서 네게 주신 모든 헛된 날에 네가 사랑하는 아내와 함께 즐겁게 살지어다 그것이 네가 평생에 해 아래에서 수고하고 얻은 네 몫이니라'라고 말하며, 고린도전서 7장 3절은 '남편은 그 아내에 대한 의무를 다하고 아

내도 그 남편에게 그렇게 할지라'라고 권면합니다.

근친혼: 성경은 근친상간이나 근친혼을 금합니다(레 18장). 웨스트민스터 신앙고백서 24장 4항은 '말씀에 금지된 가까운 친척이나 인척 관계 안에서는 결혼할 수 없다. 그러한 근친혼은 어떠한 사람의 법이나 당사자들의 동의로도 합법화될 수 없으므로 그들이 남편과 아내로서 함께 살 수 없다. 남자는 자신의 가까운 혈족과 결혼할 수 없는 만큼 자기 아내의 가까운 혈족과 결혼할 수 없고, 여자는 자신의 가까운 혈족과 결혼할 수 없는 만큼 자기 남편의 가까운 혈족과 결혼할 수 없다'고 말합니다. 필시 하나님께서는 근친혼을 매우 가증하게 여기십니다.

이혼: 성경은 이혼하지 말라고 가르칩니다. 예수님은 '나는 너희에게 이르노니 누구든지 음행한 이유 없이 아내를 버리면 이는 그로 간음하게 함이요 또 누구든지 버림받은 여자에게 장가드는 자도 간음함이니라'라고 말씀하셨습니다(마 5:32). 그리고 예수님은 '하나님이 짝지어 주신 것을 사람이 나누지 못할지니라'라고 확인해 주셨습니다(마 19:6).

따라서 이혼은 제7계명을 어기는 일입니다. 결혼생활에 어려움이 있을 수 있겠으나 이혼으로 이어지지 않게 해야 합니다. 배우자는 결혼 관계를 잘 유지할 수 있도록 서로 노력해야 하며 이를 위해 하나님께 간절히 기도해야 합니다. 또한, 교회 지도자는 성도들의 형통한 결혼생활을 위하여 지도하고 가르쳐야 합니다.

동성애: 남자와 남자, 여자와 여자가 결혼하는 동성애나 동성혼은 심각한 범죄입니다. 오늘날 동성애에 대해서 점점 관용적으로 되어 가는 경향이 있습니다. 성소수자의 인권을 보호해야 한다는 이유로, 그리고 각자의 취향을 존중해야 한다는 이유 등으로 동성애에 대해서 우호적으로 되어 갑니다. 하지만 성경은 분명히 동성애를 죄악이라고 가르칩니다. 따라서 교회의 지도자는 이에 대한 교육을 충분히 해야 합니다. 물론 동성애자 자체는 소중합니다. 우리는 동성애가 죄임을 가르쳐야 하는 동시에 동성애자가 회개하고 돌아오도록 권면해야 하고 그들을 위해 기도해야 합니다.

기타: 그 외에 우리는 제7계명을 다음과 같이 실천해야

합니다(참고. 대요리문답 139문). 몸, 생각, 감정, 말, 행동이 순결해야 합니다. 눈을 비롯한 모든 감각을 주의해야 합니다. 복장과 자세를 단정히 해야 합니다. 음탕한 표정, 뻔뻔한 추태, 경솔한 행동을 하지 말아야 합니다. 불결한 상상, 부패한 교제나 그것에 귀를 기울이는 것을 삼가야 합니다. 음란한 서적, 영화, 사진, 책 등을 보지 말아야 합니다. 일체의 매춘 행위를 금지해야 합니다.

제7계명 해석의 정수

제7계명은 '간음하지 말라'는 명령입니다. 간음이란 결혼하지 않은 남녀 간, 또는 부부가 아닌 남녀 간의 성적인 관계를 뜻합니다. 그러므로 성도는 결혼 제도 밖에서 성적인 관계를 가져서는 안 됩니다. 결혼을 통해 정식으로 부부가 된 남녀만 성적인 관계를 가질 수 있습니다. 그런 점에서 제7계명의 핵심은 '결혼'입니다. 결혼이 무엇인지 알아야 제7계명에 올바르게 순종할 수 있습니다.

출처: 김태희, 『대요리문답으로 배우는 십계명』, 서울: 좋은씨앗, 2020, 90.

제8계명과 신실한 삶: 도둑질하지 말라

청지기 정신

제8계명은 '도둑질하지 말라'입니다(출 20:15). 도둑질은 다른 사람의 소유를 훔치는 행위입니다. 여기서 다른 사람의 소유란 물질적, 정신적, 육체적인 측면의 것들을 포괄합니다. 따라서 제8계명은 다른 사람이 가지고 있는 일체의 것을 자신의 것으로 삼지 말라는 명령입니다.

도둑질하는 이유는 자신의 것에 만족하지 않고 더 많이 가지려고 욕심을 부리기 때문입니다. 우리는 자족(自足)할 줄 알아야 합니다. 자족이란 하나님이 주신 것에 만족하는 것입니다. 히브리서 13장 5절 '돈을 사랑하지 말고 있는 바를 족한 줄로 알라'고 말합니다. 자족하는 사람은 행복감을 느낍니다. 실제로 자족하는 사람은 현실에 감사하고 기뻐합니다. 그러나 자족하지 못하는 사람은 자신이 불행하다고 느낍니다. 그리고 끊임없는 불만과 불평 속에서 살아갑니다.

바울은 '자족하는 마음이 있으면 경건은 큰 이익이 되느니라 우리가 세상에 아무것도 가지고 온 것이 없으매 또한 아무것도 가지고 가지 못하리니 우리가 먹을 것과 입을 것이 있은즉 족한 줄로 알 것이니라 부하려 하는 자들은 시험과 올무와 여러 가지 어리석고 해로운 욕심에 떨어지나니 곧 사람으로 파멸과 멸망에 빠지게 하는 것이라'라고 권면합니다(딤전 6:6-9).

도둑질하는 또 다른 이유는 청지기 정신이 없기 때문입니다. 우리는 자신이 가지고 있는 모든 것이 자신의 것이 아니라 하나님이 맡겨주신 것임을 알아야 합니다. 세상에 있는 모든 것의 주인은 하나님이십니다. 그런데 하나님은 그분의 선하신 뜻에 따라 우리에게 맡기셨습니다. 따라서 하나님이 우리의 분수에 적합하게 맡기셨음을 알고 잘 관리해야 합니다.

다윗은 사람들이 성전 건축을 위하여 자신들의 재산을 바친 것을 보면서 이렇게 고백했습니다.

'여호와여 위대하심과 권능과 영광과 승리와 위엄이 다 주께 속하였사오니 천지에 있는 것이 다 주의 것이로소이다 여호와여 주권도 주께 속하였사오니 주는 높으사 만물의 머리이심이니이다'(대상 29:11).

'나와 내 백성이 무엇이기에 이처럼 즐거운 마음으로 드릴 힘이 있었나이까 모든 것이 주께로 말미암았사오니 우리가 주의 손에서 받은 것으로 주께 드렸을 뿐이니이다'(대상 29:14). '우리 하나님 여호와여 우리가 주의 거룩한 이름을 위하여 성전을 건축하려고 미리 저축한 이 모든 물건이 다 주의 손에서 왔사오니 다 주의 것이니이다'(대상 29:16).

따라서 우리는 자신에게 있는 것을 족한 줄로 알아야 합니다. 그리고 자신이 가지고 있는 모든 것이 자신의 것이 아니라 하나님의 것임을 알고 잘 관리해야 합니다. 필시 이러한 두 가지 마음을 가지고 있으면 남의 것을 훔치려 하지 않습니다. 오히려 자신의 역량과 자질에 비하면 하나님이 얼마나 많이 맡기셨는지를 알고 하나님께 감사하며, 하나님이 자신에게 맡기신 것을 잘 관리하려고 최선을 다합니다.

성경은 도둑질하지 말라는 명령을 빈번하게 반복합니다. 그리고 도둑질을 한 경우에 반드시 처벌해야 하며, 피해자에게 몇 배로 보상할 것을 언급합니다(출 22:1; 레 6:2-5). 도둑질은 반드시 피해야 할 나쁜 죄악입니다. 필시 도둑이 없으면 아름답고 평화로운 세상이 이루어집니다.

그렇다면 어떻게 해야 도둑질하지 않을 수 있습니까? 그 것은 정직한 노동을 통해서 가능합니다. 도둑질은 일하지 않고 얻으려는 행위입니다. 따라서 노동은 도둑질을 방지하는 중요한 방법입니다. 우리는 열심히 일해서 돈을 벌어야 합니다. 그렇게 하면 다른 사람의 것을 탐하지 않을 것입니다(살전 4:11-12). 더군다나 일하는 것은 그 자체로 신성하고 귀중합니다. 하나님은 우리가 직업을 통하여 우리의 삶을 충실하게 일구어 가기를 원하셨습니다.

하지만 우리는 일해서 소득을 얻는 데서 그치지 말아야 합니다. 좀 더 가진 사람들은 어려운 형편에 있는 사람들을 도외시하지 말고 적극적으로 도와주어야 합니다(출 23:4-5; 레 25:35; 신 22:1-4). 우리는 노동을 통하여 획득한 것을 더욱 가난한 사람들에게 나누어 줌으로써 그들이 도둑질하려는 마음이 들지 않게 도울 수 있습니다. 이에 바울은 "도둑질하는 자는 다시 도둑질하지 말고 돌이켜 가난한 자에게 구제할 수 있도록 자기 손으로 수고하여 선한 일을 하라"라고 말합니다(엡 4:28).

제8계명의 포괄성

소요리문답 74문은 '여덟 번째 계명이 명하는 것은 무엇입니까?'라는 질문에 대하여 '여덟 번째 계명이 명하는 것은 우리 자신과 다른 사람들의 부와 재산을 합법하게 얻고 증진시키라는 것입니다'라고 답변합니다. 따라서 제8계명은 다른 사람들을 배려하는 마음을 요청합니다.

우리가 제8계명을 지키려면 소극적으로 다른 사람의 물건을 도둑질하지 않는 데서 그치는 것이 아니라 적극적으로 우리 자신과 다른 사람 모두가 풍요로운 삶을 살게끔 만들어야 합니다. 그리고 그렇게 하려면 자신의 것을 가난한 사람에게 나누어주는 구제가 실현되어야 합니다. 이것은 세상의 제도나 캠페인에 의해서 이루어지지 않습니다. 오히려 이것은 하나님의 인도를 받는 이들의 자발적인 헌신과 희생으로 가능합니다. 이에 잠언 22장 2절에는 '가난한 자와 부한 자가 함께 살거니와 그 모두를 지으신 이는 여호와시니라'라고 기록되어 있고, 바울은 "선을 행하고 선한 사업을 많이 하고 나누어주기를 좋아하며 너그러운 자가 되게 하라"고 권면합니다(딤전 6:18).

소요리문답 75문은 '여덟 번째 계명이 금하는 것은 무엇입니까?'라는 물음에 대하여 '여덟 번째 계명이 금하는 것은 우리 자신과 우리 이웃의 부와 재산을 부당하게 방해하는 일이나 방해할지도 모르는 모든 일입니다'라고 답변합니다. 이것은 제8계명의 포괄성을 보여줍니다.

제8계명은 다른 사람의 물건을 강제로 빼앗거나 몰래 훔쳐 가는 직접적인 도둑질을 금지할 뿐만 아니라 다른 사람을 미워하고 그를 욕하고 그의 명예를 훼손하는 정신적인 고통도 금지합니다. 나아가서 이 계명은 다른 사람의 생명과 인권을 존중해야 한다는 사실을 시사합니다. 그래서 살인, 인신매매, 납치, 가정파괴, 소위 '왕따' 등의 문제를 이 계명과 연관 지을 수 있습니다.

특히 제8계명을 지키는 것에는 최근에 쟁점이 되는 지적 재산권을 존중하는 것이 포함되어 있습니다. 다른 사람의 글이나 작품을 표절하고 무단으로 인용하며 불법적으로 복사하여 버젓이 사용하거나 유포하는 행위는 명백한 도둑질입니다. 그리스도인들과 교회는 컴퓨터 소프트웨어, 찬양 악보집, 서적 PDF 파일 등을 정당하게 구매하여 사용해야 합니다.

불공정한 상거래도 이 계명을 위반하는 것입니다. 저울

속임(잠 11:1), 불량식품 판매, 과대포장, 가짜상품, 원산지 속임, 포대갈이, 유통기한 지난 상품 판매 등은 도둑질입니다. 부채와 이자 문제도 이 계명과 연관되어 있습니다. 빚을 지지 않는 것이 가장 좋지만, 어쩔 수 없어서 빚을 졌다면 반드시 갚아야 합니다. 그러나 가난한 사람을 상대로 지나치게 높은 이자를 받는 것은 옳지 않습니다. 합법적인 대출과 합리적인 이자의 관행이 있어야 합니다. 그리고 고용인이 피고용인을 상대로 소위 '갑질'을 하는 것, 노동자가 고용인을 상대로 지나친 요구를 하면서 파업을 하는 것도 바람직하지 않습니다.

국가의 공직자들에게도 이 계명을 적용할 수 있는데, 그들이 국가의 재산을 횡령하는 것, 국민에게 과도한 세금을 매기는 것, 국가의 재산을 오용하거나 남용하는 것, 국가를 잘못 운영하여 국가의 가치를 떨어뜨리고 국민을 고통스럽게 만드는 것 등은 반드시 근절되어야 합니다.

나아가서 우리는 자신의 것을 도둑질하지 말아야 하는데, 자기 재산을 허비하는 것, 자신에게 주어진 시간을 낭비하는 것, 자신이 가진 재능을 썩히는 것 등을 금지해야 합니다. 그리고 우리는 하나님의 것을 도둑질하지 말아야 하는

데, 십일조를 하지 않는 것, 헌금을 제대로 드리지 않는 것, 봉사하지 않거나 게을리하는 것 등이 제8계명을 위반하는 것입니다.

마지막으로 제8계명은 우리가 방탕하지 말아야 한다는 사실을 가르쳐줍니다. 잠언 21장 17절에서는 '연락을 좋아하는 자는 가난하게 되고 술과 기름을 좋아하는 자는 부하게 되지 못하느니라'라고 언급하고 있으며, 잠언 23장 20-21절에는 '술을 즐겨 하는 자들과 고기를 탐하는 자들과도 더불어 사귀지 말라 술 취하고 음식을 탐하는 자는 가난하여질 것이요 잠자기를 즐겨 하는 자는 해어진 옷을 입을 것임이니라'라고 교훈합니다. 우리는 부지런해야 합니다. 언제나 검소하고 항상 성실해야 합니다.

제8계명 해석의 정수

우리는 하나님을 두려워하고 사랑해야 하는고로 다른 사람에게 속한 것을 사기에 의해 도둑질하거나 완력에 의해 움켜잡지 말아야 한다. 우리는 장사나 계약을 할 때 다른 사람의 무지를 악용하지 말아야 한다. 즉 물건 값을 알지 못하는 사람에게 너무 비싸게 팔거나 혹은 너무 싸게 구입하지 말아야 한다는 것이다. 또한 우리는 어떤 종류의 간계에 의해 다른 사람의 재산에 손을 대지도 말아야 한다. 그러나 만일 우리에게 하나님에 대한 사랑이나 두려움이 조금이라도 있다면 우리는 친구든 적이든 돕기 위해 최선을 다해야 하는 것이다. 할 수 있는 데까지 도움과 충고를 줌으로써 그의 재산을 보호해 주어야 한다는 것이다. 그리고 다른 사람으로부터 어떤 것을 취하기보다 오히려 우리 자신의 것을 포기해야 하는 것이다. 그뿐 아니라 만일 그들이 어떤 물질적 곤란을 당하고 있다면 우리는 그들의 짐을 나누어져야 하며 우리의 물질을 가지고서 그들의 가난을 덜어주기 위해 애써야 하는 것이다.

출처: 존 칼뱅, 『기독교 강요(초판)』, 양낙흥 옮김, 파주: CH북스, 2008, 88-89.

제9계명과 언어 관리:
네 이웃에 대하여 거짓 증거하지 말라

자신과 이웃의 명예를 지킴

제9계명은 '네 이웃에 대하여 거짓 증거하지 말라'입니다 (출 20:16). '거짓 증거'는 재판과 관련된 용어입니다. 구약시대에는 재판을 할 때 증거보다 증인을 의지했습니다. 즉 증인의 증언은 재판장이 판결을 내릴 때 결정적인 역할을 했습니다. 따라서 거짓 증거는 한 사람의 인격과 나아가서 인생 전체를 짓밟는 행동이었습니다.

율법은 증인에 관하여 다음과 같이 규정했습니다. 재판의 공정성을 위하여 반드시 두 사람 이상의 증인이 있어야 했습니다(신 17:6-7). 증인은 자신의 증언이 진실임을 증명하기 위하여 먼저 죄인의 몸에 손을 대었습니다. 증인이 거짓으로 증언할 경우 죄인이 당할 형벌을 그대로 당했습니다(신 19:15-21). 따라서 율법에는 증인에 관한 규례가 매우 엄격하게 제시되어 있으며, 이는 억울한 자가 없게 하시려는 하나님의 의도와 그에 관련된 인간의 정직성을 함의합니다.

그렇다면 제9계명은 재판에 관해서만 적용해야 합니까? 그렇지 않습니다. 신약에서 제9계명은 삶의 모든 영역과 모든 상황에서 어떠한 종류의 거짓말도 하지 말아야 한다는 명령으로 제시됩니다. 예를 들어, 바울은 십계명의 후반부를 진술하는 문맥에서 "그런즉 거짓을 버리고 각각 그 이웃과 더불어 참된 것을 말하라 이는 우리가 서로 지체가 됨이라"라고 말했습니다(엡 4:25).

소요리문답 77문은 '아홉 번째 계명이 명하는 것은 무엇입니까?'라고 물은 후에 '아홉 번째 계명이 명하는 것은 사람과 사람 사이의 진실함과 우리 자신과 우리 이웃의 명예를 유지하고 증진시키되, 특별히 증언하는 일에 그렇게 하라는 것입니다'라고 답변합니다. 그리고 78문은 '아홉 번째 계명이 금하는 것은 무엇입니까?'라고 질문한 후에 '아홉 번째 계명이 금하는 것은 무엇이든지 진실을 왜곡하는 것과 우리 자신이나 우리 이웃의 명예를 모독하는 것입니다'라고 답변합니다. 따라서 이 계명은 우리 자신과 우리 이웃의 명예를 지켜주는 일을 요청합니다.

우리는 자신에 대해서는 물론이거니와, 다른 사람과의 관계에서 다른 사람이 곤란에 빠지지 않도록 없는 사실을 말해서는 안됩니다. 또한 다른 사람이 부당한 비방을 받고 불의한 중상모략을 당할 때 적극적으로 나서서 말해주어야 합니다. 즉 우리는 다른 사람의 명예를 훼손하는 말을 하지 말아야 하지만 거기서 그칠 것이 아니라 다른 사람의 명예를 증진해 주는 것으로 나아가야 합니다.

그런데 제9계명은 제6계명(살인하지 말라)과 같은 사실을 다른 측면에서 말합니다. 제6계명은 행동으로 사람을 죽이는 것을 금합니다. 하지만 제9계명은 말로 사람을 죽이는 것을 금합니다. 필시 우리는 말이나 행동으로 다른 사람의 생명과 명예를 모욕하지 말아야 합니다. 잠언 14장 25절에는 '진실한 증인은 사람의 생명을 구원하여도 거짓말을 뱉는 사람은 속이느니라'라고 기록되어 있습니다. 우리의 말과 행동은 다른 사람을 살리기도 하고 죽이기도 하기에 항상 신중해야 합니다.

하이델베르크 요리문답 112문은 이 계명에 대해서 더욱 자세한 설명을 제공합니다. 즉 '제9계명에서 하나님이 원하시는 것은 무엇입니까?'라고 질문한 후에 '내가 어느 누구에게도 거짓 증언을 하지 않고, 다른 사람의 말을 왜곡하지 않고, 뒤에서 헐뜯거나 중상하지 않으며, 어떤 사람의 말을 들어보지 않고 성급히 정죄하지 않으며, 다른 사람이 성급히 정죄하는 데에도 참여하지 않기를 원하십니다. 오히려 하나님의 무서운 진노를 당하지 않기 위해서 본질적으로 마귀의 일인 모든 거짓과 속이는 일을 피해야 합니다. 법정에서나 다른 경우에도 나는 진리를 사랑하고 정직하게 진실을 말하고 고백해야 하며, 할 수 있는 대로 이웃의 명예와 평판을 보호하고 높여야 합니다'라고 답변합니다. 따라서 제9계명도 다른 계명과 마찬가지로 포괄적입니다.

이제 우리가 행해야 할 일은 무엇입니까? 이에 대해서 스가랴 8장 16절은 '너희가 행할 일은 이러하니라 너희는 이웃과 더불어 진리를 말하며 너희 성문에서 진실하고 화평한 재판을 베풀고'라고 합니다. 우리는 진리와 진실을 말해야 하며 재판이 제대로 이루어지도록 협조해야 합니다. 그리하여 우리 자신의 명예와 우리 이웃의 명예가 훼손되지 않도록 최선을 다해야 합니다.

거짓말의 종류

제9계명은 하나님의 속성을 반영하는데, 선지자 사무엘은 "이스라엘의 지존자는 거짓이나 변개함이 없으시니 그는 사람이 아니시므로 결코 변개하지 않으심이니이다"라고 말했습니다(삼상 15:29). 그리고 베드로는 예수 그리스도에 대해서 "그는 죄를 범하지 아니하시고 그 입에 거짓도 없으시며"라고 진술했습니다(벧전 2:22).

그러나 마귀는 어떻습니까? 예수님은 마귀와 그를 추종하는 타락한 인간에 대해서 다음과 같이 말씀하셨습니다.

"너희는 너희 아비 마귀에게서 났으니 너희 아비의 욕심대로 너희도 행하고자 하느니라 그는 처음부터 살인한 자요 진리가 그 속에 없으므로 진리에 서지 못하고 거짓을 말할 때마다 제 것으로 말하나니 이는 그가 거짓말쟁이요 거짓의 아비가 되었음이라"(요 8:44).

따라서 하나님의 백성이며 그리스도의 제자인 우리는 오직 진실을 말해야 하며, 거짓을 말하지 않아야 합니다. 필시 이 계명은 우리를 괴롭게 하는 것이 아닙니다. 하나님은 이 계명을 주심으로 우리가 그분을 더욱 닮아 가기를 원하셨고, 우리 자신과 타인의 명예를 지키기를 바라셨으며, 아무도 억울한 일을 당하지 않게 하셨습니다. 특히 우리는 복음의 진리를 전해야 하는 사람들이기에 우리의 입에서 거짓말이 나오면 복음의 진리가 훼손될 수 있음을 명심해야 합니다.

우리는 제9계명을 구체적으로 다음과 같이 지킬 수 있습니다.

1. 우리는 평소에 진실을 말해야 합니다. 그런데 말이란 마음에서 자연스럽게 우러나오는 것입니다. 따라서 말하는 것을 훈련하는 것이 필요하지만, 무엇보다도 마음을 진실

하고 정결하게 유지하는 것이 중요합니다.

'무릇 더러운 말은 너희 입 밖에도 내지 말고 오직 덕을 세우는 데 소용되는 대로 선한 말을 하여 듣는 자들에게 은 혜를 끼치게 하라'(엡 4:29).

2. 우리는 이웃에 대하여 거짓 소문을 퍼트리지 말아야 합니다. 이웃의 명예를 훼손하거나 이웃을 험담하거나 욕 하지 말아야 합니다. 이웃을 망하게 하는 일체의 말을 삼가 야 합니다. 하지만 이웃의 죄와 잘못을 묵과하는 것도 바람 직하지 않습니다. 또한, 잘못이 없는 이웃이 피해를 볼 때 말을 하지 않고 가만히 있는 것도 잘못입니다.

'너는 네 백성 중에 돌아다니며 사람을 비방하지 말며 네 이웃의 피를 흘려 이익을 도모하지 말라 나는 여호와이니 라'(레 19:16).

3. 우리는 세상의 법정이나 교회의 치리회에서 거짓으로 증언하지 말아야 합니다. 우리는 공의로운 판결이 이루어 지도록 적극적으로 협력해야 합니다.

'너는 거짓된 풍설을 퍼뜨리지 말며 악인과 연합하여 위 증하는 증인이 되지 말며 다수를 따라 악을 행하지 말며 송 사에 다수를 따라 부당한 증언을 하지 말며 가난한 자의 송 사라고 해서 편벽되이 두둔하지 말지니라'(출 23:1-3).

'신실한 증인은 거짓말을 아니하여도 거짓 증인은 거짓말을 뱉느니라'(잠 14:5).

4. 우리는 명확하지 않은 말, 아첨하는 말, 욕설, 함부로 말하는 것, 경멸조로 말하는 것, 화내면서 말하는 것 등을 주의해야 합니다. 더욱이 의사를 전달하는 또 다른 수단인 표정이나 몸짓 등에 악의가 담겨 있지 않게 해야 합니다. 우리의 말은 이웃이 듣기 전에 내가 먼저 듣고, 그 이전에 내 안에 계시는 성령께서 들으십니다. 말하기 전에 한 번 더 생각해야 하며, 내가 말하는 것이 자신과 이웃에게 유익한지를 고민해야 합니다.

'내 사랑하는 형제들아 너희가 알지니 사람마다 듣기는 속히 하고 말하기는 더디 하며 성내기도 더디 하라'(약 1:19).

5. 거짓말의 종류는 다음과 같습니다. 1) **악의적인 거짓말**: 절대로 해서는 안 됩니다. 2) **예의상의 거짓말**: 아직 밥을 먹지 않았는데, 상대방이 '식사하셨습니까?'라고 물으면 대답하기가 곤란합니다. 이때는 상황을 잘 파악하여 지혜롭게 말하되 거짓말을 하지 않도록 유의해야 합니다. 3) **선의의 거짓말**: 구약에서 히브리 산파(출 1:15-21)나 기생 라합(수

2:1-7)의 상황에 해당하는데, 기본적으로 선의의 거짓말도 거짓말이지만, 더욱 큰 어려움을 막기 위하여 어쩔 수 없이 거짓말을 해야 하는 예외적인 상황을 고려하지 않을 수 없습니다. 4) **습관적인 거짓말**: 농담으로, 재미로, 혹은 악의 없이 거짓말을 하는 경우가 있는데, 자제해야 합니다. 5)**고착된 거짓말**: 철저히 숨기면서 사는 경우인데, 그리스도인은 그러한 삶을 청산해야 하고 새로운 삶을 살아야 합니다.

제9계명 해석의 정수

시내산 율법은 또한 법정에서 끊임없이 이루어지는 위증 문제도 다루었다. 제사장과 재판장 앞에서 위증하는 자에게는 위증에 대한 가혹한 처벌이 부과되었다(신 19:16-21). 주전 8세기와 7세기 예언자들은 위증을 이익의 수단으로 악용하는 자들을 비난했다. 진실한 증언에 대한 협박, 이득을 위해 가난한 자에게 불리한 위증을 하는 것, 뇌물을 받는 것, 재산법을 조작하는 것은 모두 중범죄였다(사 5:23-24; 렘 5:1, 26-28; 7:5-10; 호 4:1-3; 암 5:10-15; 10:1-2).

출처: 제임스 브루크너, 『출애굽기』, 김귀탁 옮김,
서울: 성서유니온, 2015, 304.

제10계명과 마음 관리: 네 이웃의 것을 탐내지 말라

자족함

제10계명은 '네 이웃의 집을 탐내지 말라 네 이웃의 아내나 그의 남종이나 그의 여종이나 그의 소나 그의 나귀나 무릇 네 이웃의 소유를 탐내지 말라'입니다(출 20:17). 여기서 '네 이웃의 소유'란 집, 아내, 남종, 여종, 소, 나귀 등으로 설명되어 있습니다. 물론 이웃의 소유가 여기에 나열된 것으로 한정되지는 않습니다. 이웃의 소유는 이웃이 가진 모든 것을 포괄합니다.

예수님은 누가복음 12장 15절에서 '그들에게 이르시되 삼가 모든 탐심을 물리치라 사람의 생명이 그 소유의 넉넉한 데 있지 아니하니라'라고 말씀하셨습니다. 또한 히브리서 13:5에는 '돈을 사랑하지 말고 있는 바를 족한 줄로 알라'는 말씀이 있습니다. 그리고 야고보서 3장 16절은 '시기와 다툼이 있는 곳에는 혼란과 모든 악한 일이 있음이라'고 말합니다. 이처럼 성경은 자신에게 있는 것에 만족하고, 다른 사람이 가진 것을 부러워하지 말라고 가르칩니다.

소요리문답 80문은 '열 번째 계명이 명하는 것은 무엇입니까?'라고 질문한 후에 '열 번째 계명이 명하는 것은 우리 이웃과 그의 모든 소유에 대해서 바르고 관대한 마음을 가지면서 우리 자신의 처지에 대해서는 완전히 만족하는 것입니다'라고 답변합니다. 그리고 소요리문답 81문은 '열 번째 계명이 금하는 것은 무엇입니까?'라고 물은 후에 '열 번째 계명이 금하는 것은 우리 자신의 처지에 대한 온갖 불만과 우리 이웃의 잘됨을 시기하거나 한탄하는 것과 이웃의 소유에 대한 과도한 행동과 애착입니다'라고 답변합니다.

따라서 제10계명은 이웃이 많이 가지고 있는 것을 좋게 여기며, 그들이 잘되는 것을 시기하지 않는 것이고, 이웃의 소유나 물건에 애착을 두지 않는 것이며, 오히려 이웃의 잘됨을 축하해 주는 것입니다. 아울러, 이 계명은 자신이 현재 가지고 있는 것에 만족하고, 남들처럼 많이 가지고 있지 않은 것을 불평하지 않으며, 자신의 처지를 긍정적으로 여길 것을 요청합니다.

우리가 사람이기에 아무런 욕심이나 애착이 없을 수는 없습니다. 성경은 무소유를 가르치지 않으며, 무욕을 지지하지도 않습니다. 오히려 우리에게 적당한 소유욕과 애착이 있어야 자기 발전이 있습니다. 하지만 과도한 애착을 두지 않도록 노력해야 합니다. 그것은 죄로 이어지기가 쉽습니다.

제10계명을 지키려면 무엇보다도 자신의 처지에 만족(자족)해야 합니다. 그러면 자족이란 무엇이며, 어떻게 자족할 수 있습니까? 바울은 디모데에게 다음과 같이 권면했습니다.

'그러나 자족하는 마음이 있으면 경건은 큰 이익이 되느니라 우리가 세상에 아무것도 가지고 온 것이 없으매 또한 아무것도 가지고 가지 못하리니 우리가 먹을 것과 입을 것이 있은즉 족한 줄로 알 것이니라 부하려 하는 자들은 시험과 올무와 여러 가지 어리석고 해로운 욕심에 떨어지나니 곧 사람으로 파멸과 멸망에 빠지게 하는 것이라 돈을 사랑함이 일만 악의 뿌리가 되나니 이것을 탐내는 자들은 미혹을 받아 믿음에서 떠나 많은 근심으로써 자기를 찔렀도다'(딤전 6:6-10).

우선, 우리는 자족이 경건에 큰 이익이 된다는 사실을 알아야 합니다. 자족하는 사람은 항상 하나님께 감사합니다. 자신이 세상에 아무것도 가지고 온 것이 없는데, 지금 많은 것을 가지고 있는 것을 보면서 하나님이 이 모든 것을 주셨음을 깨닫고 하나님의 은혜를 찬양합니다. 그리고 그는 하나님이 그분의 자녀들에게 필요한 것을 적절히 공급해 주신다는 사실을 믿고 언제나 하나님을 바라보며 안심합니다.

다음으로, 우리는 부하고 싶어 하는 마음이 시험과 올무와 여러 가지 어리석고 해로운 욕심에 떨어뜨려서 사람을 파멸과 멸망에 빠지게 한다는 사실을 알아야 합니다. 재물을 많이 모으고 싶어 하는 사람은 아무리 많이 가져도 만족하지 않고 감사하지 않습니다. 그는 끊임없는 욕심으로 자꾸만 모으려 하고, 그러다 보니 잘못된 방식으로 재물을 모으는 일도 마다하지 않으며, 결국 시험과 올무에 빠져서 파멸하게 됩니다. 그에게 인생의 목표는 돈이며, 돈이 그의 신입니다.

마지막으로, 우리는 돈을 사랑하는 것이 일만 악의 뿌리가 되어서 이것을 탐내는 자들이 미혹을 받아 믿음에서 떠난다는 사실을 알아야 합니다. 그리고 돈 때문에 생긴 근심이 자신을 찌른다는 사실을 알아야 합니다. 이 말은 돈을 사랑하고 모으는 데 혈안이 되어 있는 사람은 믿음을 저버리며 돈 때문에 큰 어려움을 당한다는 뜻입니다. 돈의 미혹은

기독교 사용 설명서 5 십계명

대단히 강하기 때문에 돈에 저항하기란 쉽지가 않습니다. 따라서 처음부터 돈을 사랑하지 말아야 하고, 돈을 잘 사용하려고 노력해야 합니다.

탐심을 버림

제10계명은 마음의 문제를 다룹니다. 필시 마음에서 모든 것이 비롯됩니다. 잠언 4장 23절은 '모든 지킬 만한 것 중에 더욱 네 마음을 지키라 생명의 근원이 이에서 남이니라'라고 말합니다. 마음을 지키는 것은 욕심을 버리고 깨끗한 생각을 가지는 것을 의미합니다. 야고보서 1장 14-15절에서는 '오직 각 사람이 시험을 받는 것은 자기 욕심에 끌려 미혹됨이니 욕심이 잉태한즉 죄를 낳고 죄가 장성한즉 사망을 낳느니라'라고 말합니다. 그러므로 욕심을 버려야 합니다!

예수님은 '입에서 나오는 것들은 마음에서 나오나니 이것이야말로 사람을 더럽게 하느니라 마음에서 나오는 것은 악한 생각과 살인과 간음과 음란과 도둑질과 거짓 증언과 비방이니 이런 것들이 사람을 더럽게 하는 것이요 씻지 않은 손으로 먹는 것은 사람을 더럽게 하지 못하느니라'라고 말씀하셨습니다(마 15:18-20). 살인과 간음과 음란과 도둑질과 거짓 증언과 비방은 모두 십계명의 후반부 항목입니다. 따라서 예수님은 타락하고 더러운 마음이 십계명을 거역하는 원인이 된다고 하시는 것입니다. 악한 마음, 곧 탐심은 모든 악의 근원이며, 모든 죄를 짓는 이유입니다.

구체적으로, 제1-4계명은 다른 신들을 섬기지 말고 오직 하나님을 섬기되 하나님이 정해 주신 방식대로 섬겨야 한다는 명령인데, 인간은 탐심 때문에 다른 신들을 섬기며, 자기가 주도하여 자기 욕심에 이끌리는 대로 신들을 섬깁니다. 그리고 5-9계명은 사람을 향한 명령인데, 다른 사람의 목숨을 빼앗는 것과 다른 사람의 아내(여인)를 취하는 것과 다른 사람의 물건을 훔치는 것과 다른 사람의 명예를 짓밟는 것은 모두 마음속에 있는 탐심에서 비롯된 것입니다.

그러므로 제10계명은 다른 계명들과 겹치는 것처럼 보입니다. 이것은 제10계명이 십계명 전체를 망라한다는 것을 의미합니다. 우리는 제10계명을 지킴으로 다른 계명들을 지킬 수 있습니다. 특히 바울은 탐심을 '우상숭배'라고 말했습니다(골 3:5). 우리는 아담과 하와가 하나님처럼 되고 싶은 욕심 때문에 타락했다는 사실을 기억해야 합니다. 그리고 아담의 후예인 우리가 욕심을 버리지 않는 한 각종 죄에서 벗어날 길이 없다는 사실을 명심해야 합니다.

우리가 탐심을 버리고 마음을 지키는 방법은 다음과 같습니다.

1. 현재의 형편에 만족해야 합니다. 자신이 지금 가지고 있는 것에 만족해야만 탐심을 버릴 수 있습니다. 이것은 자기 발전을 위해서 아무런 일도 하지 말라는 뜻이 아닙니다. 다만, 탐심이란 필요한 것 이상을 갈망하는 것이며, 과도하고 헛된 욕망임을 기억하라는 뜻입니다.

2. 항상 감사해야 합니다. 감사는 하나님이 주신 은혜가 얼마나 큰지, 그리고 하나님이 지금 자신을 어떻게 지키고 보호하시는지를 깨달을 때 나옵니다. 감사하는 사람은 행복합니다. 하지만 감사하지 않는 사람은 감사하지 않을 이유를 끊임없이 찾으면서 자신을 불행에 빠트립니다.

3. 우리에게 복을 주시는 분은 하나님이시라는 사실을 알아야 합니다. 하나님은 우리의 노력과 수고를 사용하십니다. 하지만 필시 하나님 자신이 복의 근원이시며 은혜의 발원이십니다. 그러므로 이웃의 것을 탐낼 것이 아니라 하나님을 사모하며 도우심을 구해야 합니다.

4. 요행을 바라지 말고 정당한 수익을 추구해야 합니다.

많은 돈을 단번에 벌고 싶어 하는 마음을 버려야 하며, 부정하고 부당한 방법으로 무엇이라도 얻을 생각을 하지 말아야 합니다. 투기와 같은 것은 결코 바람직하지 않습니다.

5. 선한 일(구제, 긍휼, 헌신 등)에 힘써야 합니다. 하나님은 우리가 어떻게 돈을 버는지를 중요하게 여기시지만, 또한 우리가 돈을 어떻게 쓰는지도 자세히 살피십니다. 재물이 있는 곳에 마음이 있습니다. 재물을 바르게 사용하는 자에게 하나님의 은혜가 있습니다.

6. 우리는 진정한 복과 은혜가 무엇인지를 깨달아야 합니다. 세상에서 부귀영화를 누리는 것을 성공이라고 생각하지 말아야 합니다. 오히려 주님을 제대로 따라가려면 많은 고난과 손해를 감수할 수밖에 없습니다. 우리는 하늘에 속한 것을 추구해야 합니다.

7. 탐심을 없애 주시도록 하나님께 기도해야 합니다. 이러한 기도는 하나님이 기뻐하시는 기도입니다. 우리가 이런 제목을 가지고 간절히 기도할 때 성령께서 역사하십니다. 그리고 탐심을 버리면 오히려 만족과 기쁨이 더욱 커집니다.

'나를 가난하게도 마옵시고 부하게도 마옵시고 오직 필

요한 양식으로 나를 먹이시옵소서 혹 내가 배불러서 하나님을 모른다 여호와가 누구냐 할까 하오며 혹 내가 가난하여 도둑질하고 내 하나님의 이름을 욕되게 할까 두려워함이니이다'(잠 30:8-9).

제10계명 해석의 정수

세상보다 더 세상적이 된 교회에 필요한 것은 불건전한 욕망을 상쇄시킬 수 있는 새로운 형태의 욕구로 안내하는 것입니다. 세상을 벗어나고자 하는 금욕이 아니라 만사를 말씀과 기도로 거룩하게 하려는 열망이 되어야 합니다. 신자들의 종교성을 부추기라는 말이 아닙니다. 종교성이나 신앙심이라는 것조차도 탐욕이 될 수 있기 때문입니다. 기독교인들이 추구해야 할 열망은 삼위 하나님처럼 서로에게 자신을 온전히 내어주려는 열망입니다. 이런 점에서 제10계명은 이전에 언급한 모든 계명들을 하나님 사랑, 이웃 사랑으로 해석하라는 요구입니다.

출처: 안재경, 『십계명, 문화를 입다』 서울: SFC, 2017, 165-66.

제5계명

Q. 부모를 어떻게 공경할 수 있을까요?

Q. 성경이 말하는 부모의 범위는 무엇인가요?

제6계명

Q. 성경이 말하는 살인의 의미와 범위에 대해서 토론해 봅시다.

Q. 살인을 방지하기 위해서 어떤 노력을 해야 하며, 어떤 장치를 마련해야 할까요?

제7계명

Q. 우리는 어떻게 마음을 지킬 수 있을까요?

Q. 이혼, 낙태, 동성애, 음란 동영상 등에 대해서 우리는 어떤 태도
를 취해야 할까요?

제8계명

Q. 우리는 물질에 대해서 어떤 자세를 취해야 할까요?

Q. 오늘날 다양하게 자행되는 이 계명 위반 사례를 살펴봅시다.

제9계명

Q. 우리는 언어를 관리하기 위해서 어떠한 노력을 해야 할까요?

Q. 거짓말의 종류, 범위, 한계에 대해서 토론해 봅시다.

제10계명

Q. 어떻게 하면 자족하는 마음을 가질 수 있을까요?

Q. 우리가 탐심을 버리고 마음을 지키는 방법은 무엇인가요?

나가며

십계명은 하나님께서 우리에게 주신 10개의 계명입니다. 십계명은 구약과 신약 전체의 도덕 규정을 포괄하고 요약한 것으로, 우리가 반드시 그리고 계속해서 지켜야 할 절대적인 명령입니다. 십계명은 1-4계명(하나님을 향한 계명)과 5-10계명(이웃을 향한 계명)으로 나뉩니다. 그래서 십계명은 하나님을 사랑하라는 것과 이웃을 사랑하라는 것으로 요약할 수 있습니다(마 22:37-40).

그렇다면 우리는 이 땅에서 사는 동안 십계명을 다 지킬수 있습니까? 요한일서 1장 8절과, 10절은 '만일 우리가 죄가 없다고 말하면 스스로 속이고 또 진리가 우리 속에 있지 아니할 것이요 …… 만일 우리가 범죄하지 아니하였다 하면 하나님을 거짓말하는 이로 만드는 것이니 또한 그의 말씀이 우리 속에 있지 아니하니라'라고 말합니다. 그리고 소요리문답 82문은 '하나님의 계명을 완벽하게 지킬 수 있는 사람이 있습니까?'라고 질문한 후에 '타락한 이후 이생에서 하나님의 계명을 완벽하게 지킬 수 있는 사람은 아무도 없으며, 생각과 말과 행동으로 날마다 계명들을 어깁니다'라고 답변합니다.

따라서 우리는 이 세상에서 사는 동안 모든 계명을 완벽하게 지킬 수 없습니다. 우리는 계명들을 지키려고 무진장 노력하지만, 늘 무너지고 넘어지면서 어깁니다. 그러나 우리는 계명의 조항들을 더욱 상세하게 공부하고 보다 엄격하게 지켜야 합니다. 비록 우리가 십계명을 다 지킬 수는 없다 하더라도 반드시 지키도록 최선을 다해야 합니다. 그러면 십계명을 어떻게 해야 지킬 수 있겠습니까? 자신의 힘으로가 아닌 성령의 도우심으로 지킬 수 있습니다. 우리가 죄를 짓는 것은 생각과 말과 행동을 통해서입니다. 우리는 성령께서 우리를 다스려 주시도록 기도해야 합니다.

그런데 소요리문답 83문은 '법을 위반한 모든 죄가 다 똑같이 가증스럽습니까?'라고 물은 후에 '어떤 죄는 그 자체로서나, 죄를 악화시키는 여러 가지 이유 때문에, 하나님이 보시기에 다른 죄들보다 더 가증스럽습니다'라고 대답합니다.

물론 하나님 앞에서는 모든 죄가 죽음에 이르는 원인이 되며 모든 죄가 무겁기 그지없습니다. 하지만 죄는 큰 죄와 작은 죄로 분명히 구분됩니다. 모든 죄가 나쁘지만 다 똑같이 나쁜 것은 아닙니다. 더 나쁜 죄, 더 가증스러운 죄가 있습니다.

더 가증스러운 죄들은 실수가 아닌 고의적이고 계획적으로 지은 죄, 사회적으로 중하다고 분류된 죄, 다른 사람에게 큰 손해를 끼친 죄, 회복할 수 없는 죄(살인, 강간 등), 다른 사람의 신체를 상하게 한 죄, 다른 사람의 명예를 심각하게 훼손한 죄, 중직자가 짓는 죄, 연약한 자들에게 짓는 죄, 반복적으로 짓는 죄, 그리고 무엇보다도 하나님을 모독하는 죄입니다.

하나님은 죄를 지은 자들에게 반드시 보응하십니다. 소요리문답 84문은 '모든 죄가 마땅히 받을 보응은 무엇입니까?'라고 물은 후에 '모든 죄가 마땅히 받을 보응은 이 세상과 오는 세상에서 하나님의 진노와 저주를 받는 것입니다'라고 대답합니다. 예레미야 애가 3장 39절은 '살아 있는 사람은 자기 죄들 때문에 벌을 받나니 어찌 원망하랴'라고 말하고, 에베소서 5장 6절은 '누구든지 헛된 말로 너희를 속이지 못하게 하라 이로 말미암아 하나님의 진노가 불순종의 아들들에게 임하나니'라고 말합니다. 그러므로 우리는 죄를 끔찍이 싫어하고 멀리해야 합니다. 죄를 짓는 자들에게 하나님의 진노와 저주가 이 세상과 오는 세상에 있다는 사실을 꼭 기억해야 합니다.

그러나 우리는 이 세상에서 사는 동안 십계명을 완전하게 지킬 수 없고 여전히 죄 가운데 살고 있지만, 예수님은 이 세상에서 사시는 동안 십계명을 모두 지키셨다는 사실을 알아야 합니다. 예수님은 완전한 사람으로서 우리와 같이 피곤하고 주리고 목마르셨습니다. 하지만 그분은 죄를 짓지 않으셨습니다. 히브리서 4장 15절은 '우리에게 있는 대제사장은 우리의 연약함을 동정하지 못하실 이가 아니요 모든 일에 우리와 똑같이 시험을 받으신 이로되 죄는 없으시니라'라고 말합니다. 실로 예수님은 율법을 완성하셨고(마 5:17), 율법의 모든 의를 이루셨습니다(롬 10:4). 그러므로 우리는 예수님 안에서 십계명을 지킬 수 있으며, 예수님을 따라서 죄로부터 승리할 수 있습니다. 예수님 안에 거하며 예수님을 바라보는 사람은 십계명을 지킬 수 있으며, 하나님이 주시는 복을 받아 누릴 수 있습니다.

'믿음의 주요 또 온전하게 하시는 이인 예수를 바라보자'

(히 12:2).